LibertàEdizioni

Franco Marmello

I FIGLI COME CLIENTI

*Manuale sottovoce per parlare
con i nostri figli e avere qualche probabilità
di essere ascoltati*

LibertàEdizioni

A Muriel per i suoi bambini

*I vostri figli non sono i vostri figli.
Essi sono i figli e le figlie della smania della Vita
per se stessa.
Vengono attraverso di voi, ma non da voi,
e benché stiano con voi, tuttavia non vi appartengono.*

*Voi potete dar loro il vostro amore, ma non i vostri
pensieri, poiché essi hanno i propri pensieri.
Potete dare alloggio ai loro corpi, ma non alle loro
anime, poiché le loro anime dimorano nella casa
del futuro che voi non potete visitare neppure in sogno.*

*Voi potete sforzarvi di essere come loro, ma
non cercate di renderli simili a voi.
Poiché la vita non va all'indietro e non si trattiene sullo ieri.
Voi siete gli archi dai quali i vostri figli vengono
proiettati in avanti, come frecce viventi.*

*L'Arciere vede il bersaglio sul sentiero dell'infinito
ed Egli vi tende con la Sua potenza in modo
che le Sue frecce vadano rapide e lontane.
Lasciatevi tendere con gioia dalla mano dell'Arciere;
poiché com'Egli ama le frecce che volano,
così ama pure l'arco che è stabile.*

Kahlil Gibran, *Il Profeta*

PRESENTAZIONE

Mi chiamo Franco, di cognome faccio Marmello.
A scuola qualche volta mi prendevano in giro, chiamandomi *marmellata.*
Da bambino avevo due grandi sogni: la musica e la cura delle persone.
A due anni facevo finta di dirigere una grande orchestra, formata da pazienti e amorevoli vicini di casa che mio padre Cleonte costringeva d'estate a giocare con me, su un ballatoio della vecchia Torino.

Cleonte

Dovevano fare del rumore, simulando di suonare, con pentole, coperchi e battipanni. Per strada correvo incontro a chiunque per avere le coccole.
Quando si trattò di scegliere il mio corso studi dopo le scuole medie inferiori, i miei scelsero per me ra-

gioneria: un classico!
Mi salvò il marketing, frequentai un'Università Libera (alternativa) quando già ero in carriera nel settore amministrativo. Mi laureai "per finta" (il mio titolo di studio non è riconosciuto dalla Stato Italiano); cambiai job e azienda: da Direttore Acquisti a Direttore Marketing con delega speciale allo sviluppo e alla patrimonializzazione del capitale umano.

Franco

Scoprii, studiando strategie per il successo, che la risorsa più potente per l'azienda è quella umana: è magica. Mi dedico, da molti anni, alla ricerca della magia che vive dentro a ogni persona che sogna di essere migliore perché ha una meta da raggiungere. Credo che in ognuno esista un genio naturale e che chi fa il mio mestiere debba mettersi al servizio del grande parto: far uscire il genio e trasformarlo in un protagonista utile e benefico per questo mondo in subbuglio.
Chiudo con un pensiero rivolto a mia figlia Muriel e ai miei figli putativi Franco jr e Stefano. Credo

mi stiano tirando su bene; io sono molto contento di loro. Chissà loro di me...?
Dovrò studiare un'azione di feed-back per scoprirlo.

Muriel, Franco jr e Stefano

POST SCRIPTUM

I miei due sogni dell'infanzia, comunque, si sono realizzati. Delle persone mi occupo dalla mattina alla sera. La musica la faccio sul serio, nel mio tempo libero, tenendo concerti per essere utile a qualcuno; metto il mio piccolo talento musicale al servizio di chi raccoglie fondi per qualcosa di bello e di benefico, ogni volta che me lo chiedono.

Franco

Il mio gruppo di artisti si chiama *La fabbrica dei sogni*.

Sito: *www.francomarmello.it*
Contatti: *info@francomarmello.it*

Franco Marmello

FATHER FORGETS
di W. Livingstone Larned

Apro questa mia nuova piccola opera riproponendo un classico del giornalismo americano, apparso originariamente come editoriale nel "Peoples Home Journal".
È una lettera scritta pubblicamente da un padre al proprio figlio.
Il pezzo è stato pubblicato in centinaia di riviste e giornali negli Stati Uniti.
È stato stampato in quasi tutte le lingue esistenti al mondo.
È stato letto a scuola, in chiesa, a teatro, nelle scuole.
È uno di quei brani che, buttato giù in un momento di sincerità, tocca il cuore a così tante persone da diventare amato e famoso.

Io l'ho trovato nel libro di Dale Carnegie *Come trattare gli altri e farseli amici* e mi è sembrato la premessa adatta per iniziare questo affascinante viaggio all'interno del magico e misterioso mondo interiore dei nostri figli.

Ascolta figlio,
ti dico questo mentre stai dormendo con la manina sotto la guancia e i capelli biondi appiccicati alla fronte: mi sono introdotto nella tua camera da solo.

Pochi minuti fa, quando mi sono seduto a leggere in biblioteca, un'ondata di rimorso mi si è abbattuta addosso. E pieno di senso di colpa mi avvicino al tuo letto: stavo pensando che ti ho messo in croce, che ti ho rimproverato mentre ti vestivi per andare a scuola perché invece di lavarti ti eri solo passato un asciugamani sulla faccia, perché non ti sei pulito le scarpe; che ti ho rimproverato aspramente quando hai buttato la roba sul pavimento.

A colazione, anche lì, ti ho trovato un difetto: hai fatto cadere cose sulla tovaglia; hai ingurgitato cibo come un affamato; hai messo i gomiti sul tavolo; hai spalmato troppo burro sul pane. E, quando hai cominciato a giocare e io sono uscito per andare a prendere il treno, ti sei girato, hai fatto ciao ciao con la manina e hai gridato: -Ciao papino!- Io ho aggrottato le sopracciglia e ho risposto: - Su, diritto con la schiena!

Tutto è ricominciato da capo nel tardo pomeriggio: quando sono arrivato eri in ginocchio sul pavimento a giocare alle biglie e si vedevano le calze bucate. Ti ho umiliato davanti agli amici, spedendoti a casa davanti a me:
- Le calze costano e se le dovessi comperare tu, le tratteresti con più cura-

Ti ricordi poi quando sei entrato timidamente nel salotto dove leggevo, con uno sguardo che parlava dell'offesa subita? Ho alzato gli occhi dal giornale, impaziente per l'interruzione, e tu sei rimasto esitante sulla porta. - Che vuoi?- Ti ho aggredito brusco. Non hai detto niente e sei corso verso di me; mi hai buttato le braccia al collo; mi hai baciato. Le tue braccine mi hanno stretto con l'affetto che Dio ti ha messo nel cuore e che, anche se non raccolto, non appassisce mai. Poi te ne sei andato sgambettando giù dalle scale.

Beh, figlio, è stato subito dopo che mi è scivolato di mano il giornale e mi ha preso un'angoscia terribile. Cosa mi sta succedendo? Mi sto abituando a trovare colpe, a sgridare? È questa la ricompensa per il fatto che sei un bambino, non un adulto? Non che non ti volessi bene, beninteso: solo che mi aspettavo troppo dai tuoi pochi anni e insistevo stupidamente a misurarti col metro della mia età. E c'era tanto di buono, di nobile, di vero, nel tuo carattere: il tuo piccolo cuore così grande come l'alba sulle colline. Lo dimostrava il generoso impulso di correre a darmi il bacio della buonanotte.

Nient'altro per stanotte, figliolo. Solo che son venuto qui vicino al tuo letto e mi sono inginocchiato pieno di vergogna: è una misera riparazione, lo so che non capiresti queste cose se te le dicessi quando sei sveglio. Ma domani sarò per te un vero papà: ti sarò compagno, starò male quando starai male e riderò quando riderai; mi morderò la lingua quando mi saliranno alle labbra parole impazienti. Continuerò a ripetermi, come una formula di rito: - È ancora un bambino, un ragazzino! Ho proprio paura di averti sempre trattato come un uomo.
E, invece, come ti vedo adesso, figlio, tutto appallottolato nel tuo lettino, mi fa capire che sei ancora un bambino. Ieri eri dalla tua mamma, con la testa sulla sua spalla.

Ti ho sempre chiesto troppo, troppo...

PROLOGO

- Ho tre figli. Li ho allevati tutti alla stessa maniera, ma sono completamente diversi uno dall'altro -

È un commento classico.
Chi non ha mai sentito esprimersi una mamma o un papà in questo modo?
Chi di noi, se ha dei figli, non si è mai espresso così?

Svolgere il ruolo di genitore con nuova consapevolezza e impegno, significa rendersi conto che educare i figli con soddisfazione prevede lo sviluppo di una capacità particolare.
La soddisfazione consiste nel riuscire a vedere il

risultato del proprio lavoro di educatore: i figli ti ascoltano, riflettono mentre tu parli, ti interpellano, chiedono consigli, si fidano, compiono azioni dalle quali capisci che stanno tentando di mettere in pratica i tuoi consigli; se sbagliano chiedono aiuto.

I nostri figli sono persone, individui.

Ognuno di noi che ha desiderato costruire e mantenere rapporti di qualità con le altre persone; che ha desiderato -nella propria attività per esempio- essere ascoltato (interpellato, tenuto in considerazione), ha dovuto sviluppare delle capacità particolari che lo hanno portato piano piano -con l'esperienza e con un immenso esercizio di pazienza- a ottenere risultati apprezzabili. Lo sviluppo di queste capacità è collegato a princìpi e valori che costituiscono il nostro bagaglio tecnico e umano quando noi nel tempo cresciamo e diventiamo adulti migliorando e modificando in meglio il nostro carattere, limandone gli spigoli al fine di non colpire e ferire gli altri; quegli altri da cui desideriamo essere ascoltati, interpellati, seguiti, tenuti in considerazione; quegli altri che sentendosi colpiti, feriti, si difendono da noi e non ci ascoltano, non riflettono mentre parliamo, non ci interpellano, non ci chiedono consigli; quegli altri che di noi non si fidano e che non compiono azioni tentando di mettere in pratica i nostri consigli.

Che tragedia se questo comportamento negativo e di rifiuto nei nostri confronti viene tenuto dai nostri clienti, dai nostri capi, dai nostri collaboratori, dai nostri amici...
Quanta fatica facciamo per comprendere meglio i parametri di valutazione che i nostri interlocutori

usano per valutare il nostro comportamento...
Noi desideriamo (e ne abbiamo bisogno) instaurare con loro un buon rapporto. Il fine è di mantenere una relazione proficua:

I nostri Clienti continuano ad acquistare da noi, ci sono fedeli.
I nostri Capi si fidano di noi e ci delegano incarichi gratificanti.
I nostri Collaboratori ci riconoscono come guida
I nostri Amici ci cercano, perché stanno bene con noi.

E i nostri figli?

Loro sono i nostri *Clienti* più difficili e impegnativi. Per *servirli* al meglio deve crescere in noi genitori l'interesse e l'impegno nel raccogliere informazioni di un certo tipo sul loro carattere, sul loro comportamento.
Se queste informazioni vengono raccolte con buon senso e impegno (tralasciando dispersivi e spesso dannosi fanatismi psicoanalitici), riusciremo sicuramente a conoscerli meglio.

Conoscere meglio i nostri figli diventa l'esercizio quotidiano che propongo ai lettori di questo manuale definito, nel titolo, *sottovoce*. L'ho definito così perché desidero non diventi un pezzo di carta troppo importante o un'altra delle tante teorie da applicare in modo dogmatico. L'applicazione forzata di qualsiasi teoria produce, nella maggior parte dei casi, soltanto stress e fatica ulteriore, anziché benefici.
Desidero che il mio lavoro possa arrivare a essere per voi, cari Genitori, un modesto ma concreto aiu-

to per migliorare la qualità del vostro ruolo; abbinato naturalmente ad altre conoscenze; a buon senso; a ragione e, soprattutto, ad Amore.
Giocate con il mio manuale in modo serio, ma non prendetelo troppo sul serio. Io l'ho costruito divertendomi, come mi sono divertito in questi anni passati a lavorare in mezzo a tanti clienti, capi, collaboratori, amici; a tanta gente dal cui consenso nei miei confronti è dipesa spesso la mia sopravvivenza fisica e morale.

Uno degli obiettivi del mio lavoro è cercare di capire i differenti tipi di carattere che mi trovo a dover trattare. E questo sono chiamato a insegnare ai miei Clienti, nelle aule di formazione dove spesso li incontro.
Così ho cercato di fare con mia figlia Muriel.

Durante tutto questo tempo ho cercato di sistemare le esperienze nella mente, costruendo una modesta guida che, però, consulto sempre molto volentieri e con curiosità. La consulto per avere un aiuto. Devo decidere ogni volta quale tipo di atteggiamento adottare al fine di ottenere l'ascolto e l'attenzione dei miei interlocutori. Il loro carattere e il loro umore possono condizionare pesantemente il tipo di comunicazione ideale a cui io ambisco.

Parlo di una modalità efficace, naturalmente, una modalità che mi consenta di instaurare un rapporto utile a realizzare il tipo di servizio che proprio i miei interlocutori mi richiedono.
Personalmente considero la *comunicazione efficace*, oltreché un dovere professionale, uno strumento

straordinario e magico per la ricerca della qualità della vita e della felicità in ogni campo dell'esistenza.

Perché sui nostri figli?

Il manuale parla di loro perché, come già spiegato, loro sono i nostri interlocutori più importanti, verso i quali abbiamo le responsabilità maggiori. Più delle mogli, più dei mariti, più dei nostri capi, collaboratori e colleghi; più dei nostri clienti; più dei nostri allievi (se insegniamo), eccetera.
Non spiego queste responsabilità sociali, perché ognuno di noi le sente dentro e sono difficili da descrivere senza cadere nel banale e nel patetico. Ma spiego, in due parole l'aspettativa di tutti noi genitori:

*ci sentiamo amati dai nostri figli
anche in relazione all'ascolto e all'attenzione
che loro ci dedicano...*

Ovviamente questa guida non può considerare in assoluto ogni tipo di figlio, in ogni tipo di situazione. Può comunque rappresentare, ribadisco, un buon aiuto per "riconoscerli" e comunicare con loro nel modo più utile e adeguato; tenendo conto dei caratteri generali presentati.
Molti figli presentano dei caratteri un po' dell'uno un po' dell'altro tipo.
Sta a noi genitori usare il buon senso nel definirli e nel scegliere il modo migliore per comunicare con loro.

Consultate la guida dopo esservi trovati in una situazione difficile. Consultatela per capire che cosa

avreste o non avreste dovuto fare per sentirvi ascoltati. Consultatela per capire come potreste affrontare meglio la situazione con i vostri figli, in futuro.
Chiunque desideri svolgere con soddisfazione il ruolo di genitore deve porsi l'obiettivo di diventare:

    Un buon osservatore
    Uno che sa ascoltare
    Un buono psicologo
    Un esperto di relazioni umane

Abituiamoci ad affrontare questo compito con amore, ma anche con la massima professionalità: dobbiamo convincerci che è importante per noi genitori essere capaci di aver a che fare con l'*individuo*, con la *persona* che nostro figlio o nostra figlia sono e possono diventare.

Comincia il viaggio dentro al *magico e misterioso mondo dei nostri figli,* cari genitori. Ma ricordatevi: quanto segue è solamente uno spunto per aiutarvi ad analizzare e capire come dovete cercare di comunicare con loro.
Il buon senso e il vostro approccio individuale troveranno la strada giusta e naturale per portarvi al successo.

Buon lavoro
                            L'autore

P.S. Troverete che molte delle soluzioni esaminate rappresentano delle buone regole per qualsiasi situazione di vita, anche al di fuori del vostro ruolo di genitori.

I FIGLI COME CLIENTI

I FIGLI TIMIDI

Cari genitori,
inizia qui il promesso, affascinante e avventuroso viaggio intorno al magico mondo dei nostri figli.

Cominciamo a descriverli.

Quando i figli ci appaiono un po' vergognosi, imbarazzati e per nulla aggressivi, generalmente li definiamo *TIMIDI*.
Ci rendiamo conto che i nostri cuccioli hanno difficoltà particolari a prendere una decisione e che, nell'intimo, desiderano che noi genitori decidiamo per loro.

DEFINIAMO IL NOSTRO OBIETTIVO che è, naturalmente, quello di aiutarli a sentirsi più sicuri, senza sostituirci a loro.

RIFLETTIAMO SUL COME COMPORTARCI per raggiungere il nostro intento di soccorso.

La prima mossa da fare è quella di dimostrare approvazione nei loro confronti, condividendo -

sinceramente- il loro atteggiamento di prudenza nel programmare e pensare prima di prendere una decisione.

A questo punto possiamo tentare di ottenere la loro partecipazione:
Dimostrando che siamo interessati a quanto ci stanno dicendo
Cercando di farli partecipare, in ogni modo, a quanto diciamo noi
Coinvolgendoli nel modo che la nostra fantasia e il nostro amore ci suggeriscono

Se ci chiedono un consiglio dobbiamo essere molto decisi nel fornirglielo:
I figli timidi sono in difficoltà nel fare una scelta e se noi siamo insicuri nel consigliarli, le cose non possono che peggiorare.
Quando hanno deciso grazie al nostro consiglio, aiutiamoli a convincersi di aver scelto bene; a prescindere dalle titubanze e dai dubbi che li hanno tormentati durante l'analisi delle varie alternative.

Non facciamo pressioni, però:
Esponiamo chiaramente il nostro punto di vista.
Ascoltiamo attentamente i loro dubbi e le loro perplessità. Non sfuggiamo alle loro obiezioni: essere sfuggenti o superficiali di fronte alle loro titubanze o fare eccessive pressioni, crea soltanto ostilità e può compromettere il rapporto. Anche se fare pressioni a volte sblocca la situazione e induce i figli timidi a prendere finalmente una decisione, possono sentirla, in seguito, come una cosa non saggia.
Rassicuriamoli, perché i figli timidi hanno bisogno di aiuto psicologico; in modo particolare dopo aver deciso.

Infine sforziamoci di essere tolleranti:
Nessuno è perfetto, nemmeno i nostri figli
Impariamo a sopportare la loro (a volte estenuante) timidezza che noi consideriamo un clamoroso handicap per la loro vita futura.
Non mostriamo troppo chiaramente il nostro dispiacere e la nostra delusione.
Impariamo a fare tutto questo con amore, in modo veramente disinteressato.

Con i figli timidi ci vuole molta determinazione ma anche molto tatto...

I FIGLI DIFFIDENTI

Bentornati,
nel precedente capitolo abbiamo parlato dei *figli timidi*: "clienti" sicuramente difficili da servire. Cosa paghereste per vedere i vostri figli più sicuri, senza per questo diventare arroganti? Cosa paghereste per non vederli mai in difficoltà, senza per questo vederli aggressivi con gli altri?

Avete sperimentato, in questi giorni, qualcuno dei miei suggerimenti?
Sarebbe costruttivo, per me e per voi, saperne di più sui tentativi di applicazione dei metodi educativi suggeriti.

Passiamo ora a un'altra tipologia di figli: quelli DIFFIDENTI.

Un grande dolore, per noi genitori, quando i figli diffidano di noi e delle *istruzioni per l'uso* sulla vita con le quali tentiamo di attrezzarli...
Parliamone senza farne una tragedia.

Possiamo definire *diffidenti* i nostri figli quando dubitano di qualsiasi cosa noi diciamo per guidarli nella vita, assumendo un modo di fare che esprime chiaramente la richiesta: PROVAMELO!

I nostri cuccioli stanno sulle difensive e ci fanno spendere molto tempo (loro ne perdono e non crescono), oltre che farci sentire inaffidabili ai loro occhi (che dolore!).
Tutti abbiamo sperimentato che pontificare: *lo dico per il tuo bene...!* Non serve a niente.
Allora vediamo.
Mettiamoci a tavolino con calma e fiducia e compiliamo la nostra scaletta del comportamento più adeguato.

DEFINIAMO IL NOSTRO OBIETTIVO che questa volta è quello di aiutarli a rilassarsi e a non stare sempre così in difesa nel rapporto di comunicazione con noi e (molto probabilmente, anche se con modalità camuffate) con il mondo intero. Dovremo cercare di convincerli che, per quanto ci riguarda, non è nelle nostre finalità approfittare del ruolo di genitori per imporre idee e opinioni (occorrerà che sia vero, però; facciamoci un esame di coscienza). Dovranno capire che il nostro unico interesse è, quando possibile, quello di essere veramente utili al loro processo di crescita.

RIFLETTIAMO SUL COME COMPORTARCI per raggiungere il nostro intento di soccorso.
La prima mossa da fare, per disinnescare il loro meccanismo di difesa, è quella di essere molto precisi rispetto a quanto intendiamo comunicare. I giri di parole provocano diffidenza. Dobbiamo parlare con loro di quanto ci interessa condividere evi-

tando battute e discussioni che possano causare fraintendimenti. Dobbiamo parlare di fatti e non di opinioni. Se i nostri figli diffidenti vogliono approfondire con noi qualche argomento, dobbiamo pregarli di essere, a loro volta, precisi sulla definizione del contributo che desiderano da noi. In buona sostanza, dobbiamo esprimerci con loro sempre molto chiaramente: a scanso di equivoci...

Un'altra delle accortezze che dobbiamo tenere per ridurre la loro diffidenza è quella di dare prova, sempre, di quanto affermiamo:
Quando parliamo di noi, della nostra giovinezza, del nostro tempo della scuola, del nostro lavoro, delle nostre difficoltà e dei nostri risultati in generale, dobbiamo usare riferimenti certi e verificabili.
Quando parliamo in famiglia del nostro lavoro non dobbiamo tradire i *segreti professionali* (neppure per una confidenza straordinaria), specialmente quando loro ci ascoltano. I figli sono idealisti (fino a quando noi non li rendiamo cinici), specialmente quelli diffidenti.
Facciamo in modo (usando quanto ci rimane della fantasia giovanile e giocosa di cui tutti siamo forniti dalla Creazione) che assistano *casualmente* ai nostri rapporti migliori con il prossimo: dovranno imparare ad apprezzarci e a essere orgogliosi di noi (sempre se ce lo meritiamo).

Un altro tentativo intelligente è quello di tentare di parlare il loro stesso linguaggio:
Non dobbiamo apparire, ai loro occhi, *superiori*
Né troppo *accondiscendenti*
Tantomeno *autoritari*

Ancora più intelligente (già detto, ma da ribadire) è il tentativo di non discutere inutilmente:
cerchiamo di essere d'accordo con loro per quanto possibile ed etico.
Vincere una discussione con i figli diffidenti, sovente porta a compromettere per sempre il rapporto.
Dobbiamo tentare di correggere i loro presunti errati punti di vista in un altro modo.

Come con i figli timidi -qui più che mai- non dobbiamo fare pressioni:
Esponiamo chiaramente il nostro punto di vista.
Ascoltiamo attentamente le loro obiezioni (pericoloso tentare di sfuggirle). Essere sfuggenti o superficiali di fronte alle obiezioni che i figli diffidenti ci manifestano fa aumentare la loro ostilità.
Con i figli diffidenti il fare pressione non sblocca, di sicuro, la situazione.

Infine, cerchiamo di fare onestamente presente i pro e i contro di quanto sosteniamo. Evitare un atteggiamento critico, positivo, costruttivo nei confronti del *genitor-pensiero,* per paura del loro spirito spesso pungente o -peggio ancora- essere disonesti e nascondere spudoratamente le molte facce della verità, alla fine si ritorcerà contro di noi.

IN BUONA SOSTANZA
CON I FIGLI DIFFIDENTI
DOBBIAMO CERCARE DI ESSERE
MOLTO ONESTI INTELLETTUALMENTE
E PRECISI

I FIGLI SPAVALDI

Rieccoci,
    per parlare di loro, dei *FIGLI SPAVALDI*, cari amici.

Sono due le tipologie di figli finora presentate: i *figli timidi* e quelli *diffidenti*.
Li avete osservati?
Avete riscontrato nei loro comportamenti le caratteristiche da me indicate?
Cosa avete fatto, di nuovo, per affrontare il problema?
State imparando ad aiutare i vostri figli *timidi* a diventare più sicuri?
State imparando ad aiutare i vostri figli *diffidenti* a non schiantarsi sulla loro *paura di credervi* e a non perdere la grande opportunità di poter fare buon uso della vostra esperienza?

Niente è più difficile, vero?
Ma andiamo avanti col nostro libro.

E confrontiamoci per e-mail (se volete) fra noi genitori.
L'unione fa la forza!

Ho annunciato di voler parlare, in questo capitolo, dei *figli spavaldi*.
Grande preoccupazione ci attanaglia quando vediamo i nostri figli troppo *spavaldi*, nascondere con questo tipo di atteggiamento una profonda insicurezza. E che noi, tirandoli su, non siamo riusciti a evitare loro questa reazione caratteriale.

Ce ne rendiamo conto ogni volta che li vediamo reagire così spavaldamente aggressivi e soffriamo: vorremmo aiutarli; impedire loro questa reazione negativa con un rimbrotto, un predicozzo. Ma è poca cosa e sbagliata: un rimbrotto e un predicozzo non hanno mai fatto cambiare nessuno.

Ricordate come voi -da bambini, da ragazzi- reagivate a questo tipo di stimolo che vi arrivava dal mondo adulto?
E ora?
Ci sono anche dei *genitori spavaldi*.
E se lo siete sapete benissimo di cosa parlo.
Eccoci entrati a capofitto nel tema.

Recuperando le prime cose dette in premessa, possiamo definire *spavaldi* i nostri figli quando appaiono aggressivi, molto (troppo) sicuri di loro stessi; benché sovente, con questo tipo di atteggiamento (il nostro cuore di papà e di mamma ce ne fa rendere conto) nascondano una profonda insicurezza.
I *figli spavaldi* sono degli ottimi oratori e dei pessimi ascoltatori.

Questo rende molto difficile per noi tentare di orientarli.
Anche perché il nostro ego (prima di essere genitori siamo individui) viene colpito a morte; perché ci sentiamo impotenti nell'aiuto -che proprio con la loro manifesta spavalderia- i nostri figli ci stanno disperatamente chiedendo.
I *figli spavaldi* tentano sempre di essere padroni della situazione.
Senza rete, come dei trapezisti incauti.

IL NOSTRO OBIETTIVO QUESTA VOLTA è di far capire che *ci siamo*, che *capiamo* e che -senza umiliare il loro esagerato tentativo di essere brillanti- riusciremo a farli uscire dalla cattività in cui si trovano (l'insicurezza); riusciremo ad aiutarli nel non aver più bisogno di quella reazione obbligata (la spavalderia) che stressa anche loro.

ECCO I COMPORTAMENTI SUGGERITI:

La prima cosa da fare è non disapprovarli in partenza per il loro comportamento, questo metterebbe la loro spavalderia al servizio di una reazione difensiva immediata e impedirebbe il dialogo. La maschera non si butta così, subito. Non ce la darebbero subito vinta...
Poi condividere -per quanto possibile- principi e valori comuni. Magari li esprimono con spavalderia, ma sono validi. Difendiamo sempre il principio della questione, mai la nostra posizione. Non facciamoci fregare dall'entrare in lunghe discussioni, se non strettamente necessario: discutere spesso snerva, stressa, logora i rapporti.

Evitiamo di interromperli mentre parlano (già stressati in partenza dalla loro spavalderia). Non cadiamo nella trappola dell'intolleranza. Restiamo pazientemente sul tema, portiamolo avanti a ritmo costante; se è un buon tema (per noi e per loro) e ci crediamo, lo riconosceranno: non c'è spavaldo che tenga quando un tema è *utile* e *valido* sia per chi parla sia per chi ascolta.

Otteniamo la loro partecipazione dimostrandoci interessati (con domande intelligenti e non battute) a quanto affermano.

Dimostriamoci sempre onesti nel riconoscere i nostri errori, le nostre gaffe (ops, toppato; eccetera...), altrimenti ce lo faranno presente loro (spavaldamente); onesti anche nel dialogo: non approfittiamo della nostra evoluzione, tanto non li freghiamo.

E ascoltiamoli bene, dimostrandoci colpiti dalle loro esperienze e conquiste: la loro spavalderia, in fondo (lo abbiamo detto) è una richiesta di attenzione.

Convinciamoci che la loro spavalderia non è contro nessuno, tantomeno contro di noi.
Se il loro atteggiamento spavaldo ci dà troppo fastidio e ci diventano antipatici (quando fa così, lo strozzerei...), sarà un disastro.
Altroché educarli e (per dirla con Socrate) *far nascere in loro, dopo averne smascherato i falsi convincimenti, il desiderio della ricerca della verità...*

Sarà dura, ma ce la possiamo fare.
Dai, girate pagina...

I FIGLI AMICHEVOLI (TROPPO)

Eccomi,
   allora come sono i vostri figli?

Timidi, diffidenti, spavaldi...
Avete imparato a osservarli meglio?
Spesso i figli sono degli sconosciuti per noi.

Vi è mai successo di sorprenderli in mezzo ai loro amici (senza che si accorgessero di voi, naturalmente) e di pensare: - Ma è proprio lui/lei?
Avete mai sentito parlare di loro (dagli altri) in modo irriconoscibile per voi?
È un classico!
Allora ingrandiamo la lente.
Aumentiamo l'attenzione.

Tenterò di fornirvi un'ulteriore chiave di lettura aiutandovi a individuare i *FIGLI TROPPO AMICHEVOLI*.
Potrebbero apparire una gioia, fra tutti gli altri tipi di ragazzi così difficili da orientare nella costruzio-

ne del loro carattere: sono sempre allegri, di ottimo umore; sembra siano d'accordo su tutto quanto noi genitori diciamo.

Possono però facilmente farci dirottare dal nostro scopo di educatori.
Sono in buona fede, ma spesso non sinceri.
Abbiamo bisogno della loro attenzione per comunicare i principi sui quali formarli, ma potremmo avere molte difficoltà a ottenerla.
Sono bravissimi a "comprarci" con il loro affetto gioioso e noi diventiamo, spesso, troppo indulgenti e incapaci di intuirne la debolezza.

IL NOSTRO OBIETTIVO qui è di restituire questa loro gioiosità, senza mai perdere il nostro ruolo: non siamo loro *amici*, non soltanto. Se diventiamo *solo amici* dei nostri figli il rischio è di perdere quella *leadership di servizio* che ci permette di orientarli verso il futuro meglio di qualunque altro.
Siamo i loro *genitori*: più forti di tutti, più affidabili, più credibili, più preparati e autorevoli. Se non siamo noi a occupare questa postazione di guida, ci penserà qualcun altro; magari una *cattiva compagnia adulta*. Accade troppo spesso (lo leggiamo sui giornali).

A noi non deve accadere!

COME COMPORTARCI?

Sicuramente dobbiamo rispondere al loro atteggiamento affettuoso con entusiasmo sincero, ma -nel contempo- non farci sviare troppo dal loro seducente continuo, amichevole chiacchiericcio.

Il motivo di tale nostra ben organizzata "resistenza" è che dobbiamo ottenere la loro completa partecipazione a quanto stiamo suggerendo. Dimostrare quindi interesse, ma interessarli di più.

Dobbiamo ascoltarli, certamente; essere colpiti dalle loro esperienze e conquiste: è bello per loro vederci impressionati positivamente dalle imprese affrontate. Non dobbiamo, però, farci distrarre troppo dal nostro piano educativo.

Dobbiamo impressionarli anche noi, facendo uso di storie affascinanti: analogie, testimonianze e aneddoti possono essere di grande aiuto nel condurre in porto l'autorevole punto di vista del genitore.

Ovviamente i riferimenti storici e fantastici utilizzati dovranno essere pertinenti e appropriati alla situazione affrontata nel dialogo.
Nella nostra proposta dobbiamo creare in loro emozione (è quanto il mondo esterno cerca di fare su di loro ogni giorno).

Dobbiamo incoraggiare la loro ambizione e voglia di riuscire, la realizzazione concreta dei sogni e degli entusiasmi.

I nostri figli desiderano poter pensare che i progetti di vita da noi esposti siano eccitanti e al passo con il progresso.

Se noi appariamo eccitanti e ambiziosi, ne dedurranno che i progetti esposti per loro lo siano.

Poniamo loro delle domande -su quanto riferitoci- che richiedano impegno:

*Da quanto tempo covano quel sogno.
Quali sono le maggiori difficoltà che stanno incontrando nel cercare di realizzarlo.
Quali altri obiettivi hanno.
Quali sono i tempi previsti per la loro realizzazione.*

Approfittiamo benevolmente del loro atteggiamento amichevole nei nostri confronti per renderli concreti e ridurre al massimo il pericolo di disperdere energia che la loro età e questo particolare carattere naturalmente rischiano.

Riassumendo: il loro atteggiamento *amichevole* potrebbe essere una fuga per non permetterci di indirizzarli e impegnarli sul futuro. Forse del futuro hanno un po' paura. Forse ne abbiamo paura anche noi quando diventiamo amici in modo sbagliato dei nostri figli e non siamo più la loro guida, il loro capitano.
Riflettiamo... Pensare a loro fa crescere anche noi.

I FIGLI FANTASIOSI

Ecco il figlio più frizzante,

IL FANTASIOSO!

Con i ragazzi *timidi* ci vuole molta determinazione, ma anche molto tatto; con quelli *diffidenti* dobbiamo cercare di essere molto onesti intellettualmente e precisi; con gli *spavaldi* dobbiamo fare il miracolo socratico di educarli cercando di far nascere in loro -dopo averne smascherato i falsi convincimenti- il desiderio della ricerca della verità; nel capitolo scorso -parlando dei figli *amichevoli*- abbiamo concluso con la riflessione che se diventiamo amici in modo sbagliato dei nostri *figli*, rischiamo di non essere più la loro guida, il loro *capitano*.

Sarebbe bello, ma non c'è una pozione magica per diventare dei *buoni genitori davvero*. Rimangono umili tentativi intelligenti per far bene. Ci si può aiutare con le informazioni che il mondo dell'educazione mette oggi a disposizione; con questo libro, se lo trovate utile, cari genitori-lettori.

Rimettiamoci al lavoro, dunque, parlando in questo

capitolo dei nostri figli fantasiosi.
I *figli fantasiosi* sono, sicuramente, i più originali: nel modo di fare, di vestire; nella scelta degli studi come dei divertimenti; nel comportamento in generale.

Sono molto originali!
Afferrano velocemente le idee, specialmente quelle nuove e danno ai problemi delle soluzioni spesso dettate dalla loro immaginazione.
La routine e le tradizioni li annoiano (riuscite con facilità, in occasione delle canoniche ricorrenze, a trascinarli con voi nelle solite visite parentali? Come li coinvolgete? Cosa avranno mai organizzato per le prossime vacanze...?).

Questo tipo di figlio pensa e agisce velocemente; anche troppo.

IL NOSTRO OBIETTIVO è quello di salvare e alimentare questa bella fantasia, orientandola, però, al servizio di risultati veri; anziché nella fuga dalla noia della routine.

VEDIAMO: Dobbiamo essere positivi e fiduciosi. Un atteggiamento frizzante e aperto da parte nostra (seppur vigile) indurrà i nostri *figli fantasiosi* ad avere fiducia in noi e in quanto diciamo, proprio per *come* lo diciamo. Penseranno di essere così fantasiosi per cause cromosomiche, di avere ereditato proprio da noi questa bella caratteristica. Sarebbe bello che pensassero a noi come a dei modelli ispiratori (senza riferirsi a modelli esterni non sempre raccomandabili).

Dobbiamo evitare le cose ovvie. Anche se vogliamo essere certi che i nostri figli capiscano bene il valore di fondo di quanto tentiamo di trasferire nelle loro coscienze, non consideriamoli così poco intelligenti solo perché sono un po' strani, particolari (la fantasia non è proprio una dote di tutti, per questo ci appaiono particolari). Non perdiamo dunque troppo tempo su punti del discorso ovvi ed elementari.

Dobbiamo ottenere la loro partecipazione con formule originali di conversazione e dimostrare loro il nostro stupore positivo, il nostro interesse per l'originalità di quanto stanno dicendo (altrimenti si bloccano).

Evitare: -ma cosa stai dicendo?- -fammi il favore di stare coi piedi per terra!- -tu ti sei bevuto il cervello, caro mio- eccetera...

Dobbiamo assolutamente coinvolgerli. Patch Adams, il famoso oncologo, manda i suoi collaboratori a studiare nei circhi, affinché imparino a coinvolgere -per tentare di farli guarire con la risoterapia- i piccoli malati di cancro.

Dobbiamo ascoltarli bene, essere colpiti dalle loro originali esperienze e conquiste anche se un po' ci spaventano. Loro desiderano impressionarci positivamente perché del nostro parere e delle nostre reazioni, in fondo, si fidano (vorrebbero potersi fidare). Il nostro giudizio negativo, invece, ammazza piano piano la loro fantasia.

Poniamo l'accento sulle novità del mondo. Assicuriamoci che i nostri *figli fantasiosi* capiscano che siamo aggiornati, al passo con le innovazioni, pronti a incontrare le nuove necessità che questo *tempo nuovo e cambiato* farà in tempo a presentare a noi, oltre che a loro. Ce la faremo a essere -in futuro- i loro maestri, i loro tutor, i loro méntori, le loro guide in questa selva oscura, oltre che dei bravi ma noiosi genitori? In buona sostanza, mostriamo loro la nostra ambizione a non invecchiare.

Si perde la guida quando si lascia il comando.

Nessuno segue una guida che non conosce il cammino verso la conquista di un nuovo territorio dove trovarsi per amare e lavorare con bellezza, gioia e fantasia.
Nel film *La storia infinita* il "nulla" voleva distruggere il *Regno di Fantasia*, perché ne aveva paura, perché minacciava il suo nefasto potere.
Aiutiamo i nostri figli a creare il *mondo nuovo*.
Meglio loro *fantasiosi* che dei sedicenti "potenti" chiacchieroni e ciarlatani.

I FIGLI SCOSTANTI

Che spina nel cuore,
	lo abbiamo appena detto, quel tipo di figlio che ci sfugge così puntualmente:
LO SCOSTANTE

Lorenzo (o -come tutti lo chiamano- Jovanotti) in un suo pezzo di qualche anno fa sosteneva che i giovani (i nostri figli) sono come saponette: "sgusciano" tra le mani degli adulti, di quegli adulti (noi genitori) che magari vorrebbero aiutarli, ma non trovano il canale di comunicazione giusto per arrivare al loro cuore, alla loro intelligenza emotiva.

I nostri ragazzi *scostanti*, infatti, non ci guardano mai negli occhi, sempre immersi nei loro pensieri.

Quante volte ci siamo chiesti, osservando nostra figlia o nostro figlio così lontani da noi con la mente: *ma cosa sta pensando?*

Qualche volta abbiamo anche sbottato: *vorrei entrare nella tua testa per capire cosa c'è!*.

Qualche volta siamo stati imperativi: *guardami negli occhi*!

Niente da fare...!

I *figli scostanti* sono caratterizzati da una *chiara durezza* che a volte ci annoia addirittura. Nostro figlio o nostra figlia ci annoiano e ci deludono perché non partecipano al tentativo di farli entrare nella nostra visione del mondo, nelle cose che per loro e con loro vogliamo condividere.

Arriviamo a sentirci inutili.
Ce ne parla, in modo straziante, Nanni Moretti nel suo bellissimo film *La stanza del figlio.*
Ma non perdiamoci d'animo...
Una maggior conoscenza delle dinamiche del comportamento giovanile e l'amore profondo che nutriamo per i nostri figli, ci aiuteranno a raggiungerli (senza invaderli) in quell'*altrove* dove spesso si trovano e a far sì che si accorgano di noi.

COME?

Per esempio, facendo uso di pause mentre cerchiamo di interessarli a qualche nostro discorso, pause interlocutorie accompagnate da sguardo interessato (il più possibile intelligente), quasi a chiamarli verso di noi.

Usando strumenti culturali nuovi e adeguati: linguaggi, conoscenza degli eventi e dei fenomeni che li interessano particolarmente: cronaca, storia, tecnologia, ecc.

Evitando le ovvietà: i figli scostanti sono spesso

particolarmente sensibili e un po' sofisticati, non dobbiamo perdere tempo con loro su punti troppo elementari del discorso.

Dimostrando interesse a qualsiasi -sia pur piccolo- segnale che ci inviano con una frase, un' osservazione, un gesto (valgono anche i grugniti).

Facendoli sentire, malgrado il loro modo *scostante*, al centro della nostra attenzione. A volte siamo così presi dal parlare (non lo facciamo solo con i nostri figli) che quasi ci dimentichiamo di chi ci ascolta e delle sue dinamiche di attenzione.

Qualche domanda (giusta) e molto ascolto possono rappresentare la posologia adatta, in questo senso.

Se ben calibrate e adatte, possono far parte della "cura": analogie, testimonianze, storielle, aneddoti, riferimenti culturali e storici.

Anche chiedere ai nostri figli, con interesse e umiltà, di spiegare meglio per cercare noi di capire, può servire.

Sono tentativi, cari genitori.
Ma vale la pena di farli.

I nostri figli sono *scostanti* fuori, ma teneroni dentro: proprio come noi.
Quando vedono un bel film o leggono una bella storia, si aprono ai sentimenti.

E poiché sono bisognosi di aprirsi, qualche volta possono incontrare registi che offrono loro parti *cattive*, parti che possono farli sentire protagonisti oggi, ma che non permetteranno loro di uscire in *cartellone* domani sul palcoscenico del progresso.

Ciack si gira! I registi siamo noi. Attrezziamoci!

I FIGLI PRUDENTI
(TROPPO)

La prudenza non è mai troppa,
recita un vecchio detto. Ma -a volte- noi che abbiamo dovuto "farci da sé" (come si dice) e trovare il coraggio in tempi più difficili (così ci appaiono nel ricordo) di osare per inventare famiglia e lavoro e difendere questi due valori fondamentali della vita contro intemperie impietose; noi genitori che spesso celebriamo questo passato di guerrieri, ci preoccupiamo davanti all'atteggiamento apparentemente e vagamente dubbioso dei nostri figli PRUDENTI. (*In tempo di guerra...* mi ammoniva mia mamma Dorina per spronarmi ad avere più coraggio). Di loro voglio parlarvi in questo capitolo dei *figli come clienti*.

Una delle caratteristiche dei *figli prudenti* è quella di esigere, con severità e pignoleria (magari eccessive ai nostri occhi), che i genitori siano più precisi e che espongano meglio il loro pensiero, quando dicono ai figli cosa sarebbe meglio e/o più utile fare.

Possono chiederci di ripetere il nostro messaggio, anche con aggressività (forse nemmeno intenzionale, ma suggerita dal sentimento di prudenza che li anima) :

- *Cosa intendi dire scusa...?!*
- *Puoi ripetere...?!*
- *Cioè...?!*

Nella superficiale presunzione che a volte -senza neanche che ce ne accorgiamo- colpisce noi genitori, riusciamo perfino a preoccuparci in maniera pesante ponendoci quesiti come:

-Ma perché è così disinteressato a quanto gli dico?
-Non sarà mica così poco intelligente da non saper accogliere il mio verbo?

La verità è che un *figlio prudente* darà buoni risultati d'ascolto soltanto dopo che il genitore gli avrà dedicato molto tempo e pazienza.

Ecco un piccolo vademecum per comunicare con un *figlio prudente:*

DAGLI IL TEMPO DI CAPIRE
Sii rilassato mentre passi il tuo messaggio.
Fai pause complici mentre comunichi con lui, ricordati che gli sguardi, i gesti e i sorrisi incidono più di qualsiasi parola.
Non avere fretta di avere il suo assenso, dagli modo di soppesare bene le tue proposte; in maniera da poter decidere.

PROVAGLI QUANTO AFFERMI
Senza lagnarti, rimpiangere o rinfacciare, parlagli delle soglie di difficoltà da te superate nella vita.
Senza esibirti, fa che assista al superamento di qualche prova difficile che tu sai affrontare con coraggio (la vita familiare è piena di questi eventi e coinvolgere i nostri figli -spesso più saggi di noi- è una strada per aiutarli a crescere con pensieri positivi ma realistici).

NON FARE PRESSIONI
Spiega chiaramente
Ascolta attentamente
Non sfuggire alle obiezioni
Qualsiasi tipo di pressione creerà soltanto ostilità e diffidenza
Anche se avrai successo nel fare pressione, i tuoi *figli prudenti* potranno, in seguito, sentire la decisione presa come non saggia

SII ONESTO
Fai presente bene e chiaramente il tuo fine nel porti con un messaggio
Evitare un argomento o, peggio ancora, essere deliberatamente disonesto nell'esporlo, alla fine si ritorcerà contro di te e ti creerà problemi maggiori in seguito.

SII LOGICO
Non parlare dei dettagli della tua idea se non hai prima spiegato le basi di ciò che vuoi esporre.
Non dimenticare mai che tuo figlio potrebbe non capire cose da te ormai acquisite con l'esperienza e cinicamente date per scontate (esempio di battuta cinica rivolta ai figli: - val la pena di studiare tanto...!)

RASSICURALO
Tuo figlio, se è troppo prudente ha, evidentemente, bisogno di aiuto psicologico
In modo particolare dopo aver preso decisioni.

FAI TUTTO CIÒ CON VERO AMORE E PAZIENZA INCROLLABILE
NESSUNO È COME NOI VORREMMO CHE FOSSE
NEMMENO I NOSTRI FIGLI

E poi, quando la prudenza non diventa paura (e poi panico), tanto da bloccare il meccanismo decisionale dei nostri figli, può rappresentare un atteggiamento di garanzia nel loro carattere e aiutarli a sviluppare un sano pensiero critico, positivo, costruttivo nel valutare la realtà che li circonda.
La capacità di discernimento nel scegliere i temi-guida della nostra vita parte anche dalla prudenza nel decidere, per non trovarsi sempre a mezzanotte a casa di Dracula con il collo scoperto.
Santa pazienza...

I FIGLI MEGALOMANI

Come si chiamano quelli che nel parlare di loro si accrescono, esagerano comunicando i loro presunti risultati? A Milano li chiamano *baùscia*.

Mi piacerebbe sapere da qualcuno di voi genitori all'ascolto, come vengono appellati nella vostra città o nel vostro paese...

In lingua italiana si chiamano *megalomani*.
Il mio *Devoto-Oli* (vocabolario della lingua italiana) recita sulla megalomania: *tendenza a presumere esageratamente delle proprie possibilità economiche o intellettuali, che si traduce in atteggiamenti e comportamenti di burbanzosa prosopopea.*

Ora, genitori, quando questa *burbanzosa prosopopea* viene manifestata dai nostri figli, ci crolla il mondo addosso. Abbiamo magari appellato per anni amici e cognati come *megalomani* e ora ce ne troviamo uno in casa...!

Ecco di chi parliamo nel nostro libro adesso, dei *FIGLI MEGALOMANI*.

Intanto guai a detestarli o a pentirsi di averli messi al mondo (nemmeno per ridere). Tempo fa ho sentito un papà rispondere per strada a un conoscente chi gli aveva appena chiesto come stesse sua figlia: -Avrei fatto meglio quella sera a giocare a tresette- e ad aggiungere (dopo aver esplorato l'espressione stupita dell'altro): - ormai sa tutto lei.

Indubbiamente i figli *megalomani* (li senti quando parlano al telefono, quando si confrontano con fratelli, sorelle e cugini, li immagini a scuola e in mezzo ai loro amici) passano molto tempo a celebrarsi, a descrivere quanto loro siano importanti e lo fanno magari raccontando e magnificando perfomance banali e poco significative per il loro futuro affermarsi nella vita.

I *megalomani* (compresi i nostri figli quando sono così) pensano di conoscere più di quanto conoscono gli altri e parlano di loro stessi molto a lungo, urtando e aggredendo naturalmente l'ego di chi li ascolta.

In verità hanno bisogno di essere continuamente rassicurati e di sentirsi fare continui complimenti.

Invece ottengono l'effetto contrario.
Chi può li tacita (*non fare il megalomane!* è il classico invito).
Chi non può li sopporta.

Noi genitori possiamo (dobbiamo) AIUTARLI.

INTANTO -anche se difficile- DIMOSTRANDO APPROVAZIONE. Non contrastarli subito, altrimenti diventano aggressivi. Magari una *divertita* approvazione:
- *Ma dai...!*
- *Però...!*
- *Perbacco...!*
- *Hai capito...!?*

PARLANDO (nei limiti del possibile) IL LORO STESSO LINGUAGGIO:
* non superiori
* non troppo accondiscendenti
* neppure autoritari

CONCLUDENDO LE NOSTRE BATTUTE (simpaticamente, mai sarcastici e con intelligenza) CON OSSERVAZIONI AFFASCINANTI:
- *Questo che dici mi ricorda...*
- *In fondo è solo questione di...*
- *Pensandoci, piacerebbe anche a me*
- *Certamente avrai provveduto a...*
- *Sicuramente avrai pensato che...*

INUTILE DISCUTERE (evidente). Vincere una discussione -in ogni caso e in particolare con i nostri figli *megalomani*- può portare a compromettere per sempre un rapporto.
Nel discutere a lungo si rischia di colpire, offendere, mettere in crisi l'importanza personale dell'altro e col megalomane è un atteggiamento suicida (se il megalomane è nostro figlio, poi...)

GRATIFICARE PAGA SEMPRE (senza mentire e prendere in giro). Se vogliamo essere seguiti e amati dai nostri figli, dobbiamo imparare a fare loro i giusti complimenti. Nessuno (nemmeno i megalomani, specialmente se ci sono figli) è privo di valore: esploriamo per apprezzare con un p.c.s. (piccolo complimento sincero) tutte le idee dei nostri cuccioli *megalomani*, anche se esposte così male. Ma da chi avranno preso?

CORREGGERE SI FA PIAN PIANO (la gattina frettolosa fece i gattini ciechi, si dice a Firenze). L'esposizione del megalomane tende a far emergere, prima dell'accordo, l'eventuale disaccordo. I punti di accordo li cerca, con pazienza, sempre chi è più *grande*.

Rilassatevi e ascoltateli: ascoltare i nostri figli ci fa sempre bene e aiuta loro ad esprimersi. Se esagerano nel raccontare le loro imprese è perché hanno grandi ambizioni, una gigante immagine dell'Io e, forse, una buona dose di paura che il futuro non sia la favola a cui il loro cuore aspira.

Gli elementi ci sono tutti:
L'ambizione è la base per porsi delle mete da raggiungere nella vita: senza sogni si muore.

Un'immagine dell'io vincente è il minimo per accettare gli obiettivi sfidanti che questo mondo impazzito, in continuo cambiamento, ci propone e proporrà ai nostri figli.

La paura è la faccia della medaglia da voltare per trovare la Speranza e le risorse naturali per trasformarla in Progetto.

Siamo noi i costruttori della loro Speranza; siamo noi i dottori per la loro paura. L'atteggiamento *megalomane* dei nostri figli è una reazione al timore di non riuscire nella vita con gli strumenti naturali di cui sono dotati.

Avanti genitori: in corsia!

I FIGLI PESSIMISTI

E se i vostri figli guardano sempre al brutto delle cose?
In questo caso, cari genitori, sono *pessimisti.*

I FIGLI *PESSIMISTI* (diciamo la verità) sono deprimenti. Non sai come far loro coraggio, come farli sperare in bene.

Se domani hanno una interrogazione, un esame, girano tutto il giorno per la casa, ripetendo la lezione e scuotendo la testa: sanno già che andrà male.

Arrivano a scuola con il terrore che il prof. chieda loro proprio quel pezzo che non entrava in testa (e il prof. glielo chiede).

In amore non parliamone, si ritengono sfigati.

Nello sport perseguitati dalla sfortuna (infatti accade loro di tutto).

Hanno sempre paura di perdere gli amici e che gli amici li tradiscano (questo accade a tutti, ma per loro è la riprova della fondatezza del pessimismo continuamente manifestato).

La macchina nuova hanno paura che gliela righino (accade quasi sempre).

Più tardi nella vita, sul lavoro, potrebbero diventare *personalità da infortunio* o da *mobbing* (la psicologia industriale ha scritto cose interessanti ma abominevoli sul tema).

Potrei andare avanti per pagine e pagine, ma non voglio girare il coltello nella piaga.

Interrompo quindi il funereo elenco e lascio alla vostra immaginazione e alla vostra esperienza di vita la visione completa dello scenario nel quale si svolge la vicenda dei vostri figli *pessimisti*.

INTANTO C'È DA DOMANDARSI DA CHI ABBIANO PRESO.

Sull'impianto cromosomico, sulla ereditarietà dei caratteri è inutile discutere.

Dovrebbe essere compito di noi genitori scrutare dentro i figli fin dalla nascita per capire come sono fatti e lavorare sulle loro caratteristiche non troppo positive per trasformarle in caratteristiche almeno utili. Per esempio, un cromosoma in più di pessimismo può aiutare i nostri figli che lo portano dentro a diventare i *prudenti*, i *realisti* della situazione, quelli che aiutano gli altri a riflettere, che impediscono agli incoscienti nei dintorni di farsi del male.

Invece in famiglia c'è sempre qualcuno che può alimentare o, addirittura, attaccare loro questa brutta malattia. È successo anche a me. Non dico il nome del parente stretto e convivente, ma annunciare di essere in partenza per un viaggio di lavoro (io viaggio tutto l'anno) e sentirsi dire: - *Speriamo non ti capiti niente...* per me è stata la regola per anni.

DEVE ESSERE PER PRIMO IL *MONDO ADULTO* A SMETTERLA CON QUESTO PESSIMISMO DILAGANTE

La terza causa di morte fra gli adolescenti (dopo l'incidente stradale e il tumore) è il *suicidio*. Parliamone...

Poi parte una serie disperata e infinita di *tentativi maieutici* per calmierare dentro l'animo dei nostri figli l'effetto nefasto del pessimismo sui loro comportamenti sociali e tirare fuori, invece, il meglio. In questo caso si parla della *disperazione positiva dell'amore*, quella che rende un genitore forte contro qualsiasi avversità, la stessa *disperazione positiva* che ha consentito molti anni fa a una mamma di stare 17 ore con la sua bimba attaccata alle braccia, perché la piccola stava precipitando da un terrazzo; la *disperazione positiva* di tutti i *papà* e di tutte le *mamme coraggio* di cui la letteratura, la cronaca e le leggende dei nonni ci hanno sempre informato.

Non dobbiamo contestare i timori che il loro pessimismo abituale rende troppo manifesti, ma tentare di apprezzare la loro prudenza nel programmare e pensare prima di prendere una decisione.

Se timidamente ci confidano dei loro progetti dimostriamoci *entusiasti*, senza farci sviare dai loro continui dubbi e dalle loro continue perplessità: il tentativo è di contagiarli positivamente.

Nel fare loro delle proposte (famiglia, lavoro, studio, tempo libero) cerchiamo di entrare nella loro logica. Chiunque urli a un altro: - *Ma insomma, sii logico!* si ispira ai propri parametri e non a quelli dell'altro. E sono proprio questi, invece (i parametri dell'altro, anche quando sono oggettivamente sbagliati), a detenere il controllo della sua reazione al nostro dire. In questo caso cari genitori, prima dei dettagli -che molte volte impauriscono i *pessimisti* in generale- spieghiamo bene ai nostri cuccioli le basi comuni fra loro e il mondo che li circonda, le basi e le motivazioni che ispirano la nostra proposta. Non basta: - *Non capisci che è per il tuo bene...* I nostri figli, specialmente se *pessimisti*, fanno spesso fatica a capire cose che noi abbiamo ragionato a lungo dentro, aiutati anche dall'esperienza che loro -e meno male- ancora non hanno.

Rassicuriamoli sempre. Chiunque ha bisogno di aiuto, di supporto psicologico: figuriamoci i nostri figli *pessimisti*. Rassicuriamoli, specialmente, subito dopo che abbiano preso una decisione sofferta, anche se da noi non condivisa. Da abolire i - *Sei sicuro? Hai considerato tutto? Non venire poi a piangere da noi...* eccetera.

E poi smettiamola di essere così *intolleranti* con i nostri figli, specialmente quelli *pessimisti*. L'abbiamo detto molte volte in questa sede: NESSUNO è PERFETTO, noi per primi. Basta con il criticare i nostri figli! Dobbiamo imparare a sopportare i loro errori con amore e con fermezza: medico pietoso, medico doloso; ma medico sadico è, addirittura, perverso. Non mostriamoci sempre così delusi di loro per equivoci e sbagli di tutti i generi (compreso un reiterato pessimismo) che caratterizzano la loro giovane età. Impariamo ad aiutarli con *grazia*, con *tatto*, con *intelligenza*. L'amore per loro, che andiamo a sbandierare in giro, prevede che non troviamo poi così duro attuare il piano d'aiuto su esposto.

Adesso vado, perché devo incontrare mia figlia. Forse dovrò tirarla su per un amore, per un lavoro, per la paura in un mondo che non si sforza di rassicurarla mai. Aspettatemi.

I FIGLI VOLUBILI

I *FIGLI VOLUBILI* sono quelli che subito sono entusiasti e un minuto dopo in profonda crisi; quelli che pensano una cosa e, subito dopo, un'altra in netto contrasto con la prima; quelli che cambiano di continuo opinione su tutto e che quando finalmente decidono per qualcosa cominciano perversamente a domandarsi se hanno fatto bene oppure no; quelli che se abbiamo la loro confidenza ci aggrediscono continuamente con l'esposizione di dubbi e paure; quelli che quando né parlano né negano ci fanno impazzire dal tormento (cosa è che li tortura?).

I *figli volubili* sono difficili da aiutare perché la loro dinamica di ragionamento è rapida: è un problema riuscire a tenerli sull'obiettivo, sono volubili, vagano col ragionamento.

Dobbiamo sforzarci di analizzare le loro questioni una per volta e riportarli spesso sul problema vero.

Dobbiamo verificare continuamente di *cosa stiano parlando*. C'entra o no col problema vero?

Con i *figli volubili* -ancora di più che con altri tipi di figli- non dobbiamo tentare di vincere per forza una discussione: prima della fine del dialogo hanno già cambiato l'idea che stavano con tanto convincimento sostenendo.

Con loro dobbiamo attenerci rigorosamente all'oggetto del discorso: senza divagare con i nostri predicozzi per non dar loro modo di svolazzare sui ragionamenti.

Dobbiamo portare avanti il discorso a ritmo costante e non permettere alla loro volubilità di farci perdere i passi giusti della danza negoziale.

Resistendo alla tentazione di urlare *(ma come? hai appena detto che... e ora...?)*, dobbiamo interessarci alle *cose che non c'entrano,* da loro spudoratamente esposte, per poter capire bene come - eventualmente- contestarle.

Se vediamo che stanno per divagare, anticipiamoli sospendendo la nostra azione maieutica seria e portiamoli nel gioco: domande, ammiccamenti, scherzi, battute, quant'altro serve per distrarli e poi riportarli al dunque.

Dobbiamo rassicurarli in tutti i modi: hanno bisogno di aiuto psicologico; in fondo la loro è una fuga, perché l'essere volubile è una gigantesca e simpatica scusa per non perseverare in quello che si è deciso di fare.

Dobbiamo essere, soprattutto, rassicuranti confermando e valorizzando i punti di forza delle loro decisioni.

Dobbiamo esplorare, insieme a loro, il futuro ludico (ricco e divertente) della loro scelta definitiva.

C'è altro?!

Non è poi molto.

Quando perdiamo la testa per un uomo o per una donna facciamo cose anche più impegnative.

CON I NOSTRI FIGLI NO?

Non perdiamoci di vista.

I FIGLI SEGUACI

Diciamo la verità genitori,
noi papà e mamme vorremmo essere ascoltati dai nostri figli: vederli riflettere mentre parliamo; essere interpellati da loro per qualche consiglio; vedere che si fidano del nostro parere; accorgerci che compiono azioni per tentare di mettere in pratica gli orientamenti da noi indicati.
Lo abbiano scritto fin dalla prima puntata. Ma *seguaci* no! SEGUACI è troppo: troppo sensibili al nostro giudizio, troppo alla ricerca della nostra approvazione; figli che valutano il loro valore solo sulla base delle nostre opinioni su quanto pensano e fanno; senza carattere; senza coraggio di osare da soli; sempre a scodinzolare intorno a noi, come dei cagnolini.

Troppo!
E il troppo stroppia...
Non li volevamo così.
Ci rendiamo conto che sono a rischio.
In questo mondo così confuso (pochi ideali e molti fanatismi) chi non riesce a formarsi opinioni pro-

prie può essere plagiato dal primo che passa. La storia, la religione, la filosofia lo insegnano.

Per aiutarli a non crescere così passivamente *seguaci* dobbiamo iniziare a mostrare approvazione a ogni loro piccolo gesto di autonomia e sana disobbedienza: in questo caso siamo noi a riflettere quando loro parlano.

Ma dobbiamo riuscire a provare che questo nostro ascolto è fondato su idee e suggerimenti (da parte loro) che di fatto risultano per noi innovativi, rivoluzionari in senso buono.

Parliamo loro dei nostri dubbi, antichi e nuovi, e abituiamoli ad aiutarci per orientare al meglio il parere e la politica della nostra famiglia nella società in ebollizione.

Manteniamoci positivi, però.
Fiduciosi nel domani che sarà come tutti insieme lo andremo a costruire.

Rassicuriamoli.
Alleniamoli ad avere fiducia nelle loro idee.
Spieghiamo loro che le persone deboli impiegano molto a decidere e al primo vento che soffia contro cambiano idea, mentre le persone forti e coraggiose decidono prontamente e cambiano le loro decisioni -se devono- solo dopo averle verificate con responsabilità nel tempo (senza diventare diabolici nel perseverare, naturalmente).

Usiamo con loro analogie, testimonianze, storielle, aneddoti per istruirli con fascino e simpatia: questo vale per tutti i figli, ma per quelli *seguaci* un po' di

più, perché dobbiamo indurli a osare, dobbiamo indurli a sostituire qualche volta il parametro di noi (*papà dice, mamma dice...*) con qualche altra pietra di paragone che illumini ed ecciti la loro giovane fantasia.
Certo devono essere esempi positivi, pertinenti ai casi discussi: ricordiamoci il buon senso.
Rendiamoli un po' ambiziosi, simpatici, trasgressivi (senza perderli di vista, naturalmente).

Perché dobbiamo faticare così per tirare su i figli?
Qualcuno dice: *una volta...*

Rispondiamo con una poesia di Roland Russel intitolata:

L'uomo di oggi è il bimbo di ieri

Il vigliacco di oggi è il bimbo che schernivano ieri
L'aguzzino di oggi è il bimbo che frustavano ieri
L'impostore di oggi è il bimbo che non credevano ieri
Il contestatore di oggi è il bimbo che opprimevano ieri
L'innamorato di oggi è il bimbo che carezzavano ieri
Il non complessato di oggi è il bimbo
che incoraggiavano ieri
Il giusto di oggi è il bimbo che non calunniavano ieri
L'espansivo di oggi è il bimbo che
non trascuravano ieri
Il saggio di oggi è il bimbo che ammaestravano ieri
L'indulgente di oggi è il bimbo che
perdonavano ieri
L'uomo che respira amore e bellezza
è il bimbo che viveva nella gioia anche ieri

Certo i figli sono una gioia.
Ma, prima di tutto, una responsabilità.

I FIGLI (TROPPO) *SENSIBILI*

Scrivo questo capitolo, dopo essere appena tornato dalle vacanze estive.

Come state?
Come stanno i vostri figli?
Li trovate cambiati?
Avete avuto modo di stare un di più con loro e osservarne i comportamenti?
O li avete avuti lontani per tutto questo periodo?

Durante le vacanze i nostri figli cambiano, come dopo ogni esperienza che durante la *giovinezza* segna il nostro animo. È accaduto anche a noi quando eravamo figli (a qualcuno di noi continua ad accadere e meno male).

Ricordo una mia compagna di classe alle scuole medie.
Era tornata dopo le vacanze trasformata: più carina (aveva cominciato a truccarsi); più civettuola (aveva dato il primo bacio).

Il mio miglior amico -sempre nell'adolescenza- in

vacanza aveva imparato a pescare e mi ci voleva trascinare (sul fiume della nostra città); a me facevano pena i pesci: abbiamo rotto.

Una volta, da bambino (avrò avuto cinque anni) sono tornato da Pontestura Monferrato -località delle mie vacanze, dove abitava mia nonna- e sapevo un mucchio di parolacce: me le aveva insegnate il vecchio sarto ubriacone del paese, il mio compagno di giochi più simpatico.

Un'altra volta (eravamo già grandi) mio cugino aveva deciso (in accordo con la fidanzata) le vacanze separate per quell'anno che precedeva l'imminente matrimonio: al ritorno lei gli parlò una sera: - *Ti voglio molto bene, ma ho bisogno di un momento di riflessione.* Tre mesi dopo era sposata con un ragazzo di Voghera conosciuto -appunto- in vacanza.

E in ultimo (ma potrei andare avanti per ore) mio zio -un anno, tornato dalle vacanze- si trovò innamorato cotto di mia zia, sua moglie: al mare l'aveva riscoperta. La volle per molte sere -prima di dormire- vedere sfilare in bikini davanti al letto (povera zia, che stare così nuda in casa le faceva venire male alle ossa). Ma lo zio, dopo quelle vacanze, non fu più lui.

Esempi per dire: in vacanza si cambia.
Può accadere anche ai nostri figli.
Per questo occorre essere pronti.

Può accadere a tutti tipi di figli: a quelli *timidi* che magari stavolta si svegliano; a quelli *diffidenti*, hai visto mai che si aprano un po' di più; agli *spavaldi* che rischiano di prendersi (proprio in vacanza dove nessuno li conosce e li perdona) qualche legnata fra le orecchie per la serie "la faccia tosta non è tutto nella vita"; agli *amichevoli* che rischiano di tornare con una borsa per la spesa piena di indirizzi e foto di nuovi compagni di gioco e d'avventura (e quando li frequenteranno mai...?); ai *fantasiosi* che a volte tornano con nuove pettinature e look molto (troppo) originali; agli *scostanti* che possono tornare delusi dello scarso rapporto avuto con gli altri (da loro stessi innescato con quella faccia che portano in giro); ai *prudenti* che non hanno osato (nemmeno questa volta) nuove compagnie e abitudini; ai *megalomani* che ne hanno incontrato uno più megalomane di loro (li ha fatti sfigurare nel descrivere imprese e avventure); ai *pessimisti* che gli è accaduto di tutto (tutto ciò di negativo che temevano fortemente accadesse); ai *volubili* che hanno cambiato mille volte compagnia in una settimana, che hanno cambiato cinque locali per sera e che l'unica cosa che non sono riusciti a cambiare è il partner o la partner, ma solo perché non sono riusciti a conquistarne nemmeno uno nuovo, troppo volubili e in movimento, da non potersi fermare per fare strategie di conquista su qualcuno; ai *seguaci* che non si sono divertiti per niente, sempre a rimorchio dei più intraprendenti.

Bisogna osservare i nostri figli non appena tornati dalle vacanze (o da altre avventure durante l'anno): per capire cosa è successo in loro, per aiutarli a metabolizzare gli avvenimenti laccati del periodo appena trascorso, per evitare che lo prendano gratuitamente troppo sul serio; nel bene e nel male.

Bisogna osservarli tutti, anche i meno sospetti.

A quell'età tutti hanno bisogno di aiuto.
È capitato anche a noi.

Bisogna osservarli tutti, ma -soprattutto- i più *SENSIBILI.*
I figli troppo *sensibili,* rischiano di soffrire nella vita, più del necessario.
Qualsiasi momento (ovviamente non soltanto le vacanze) rappresenta per i nostri figli *sensibili* un momento a rischio.
Per esempio interpretano facilmente come *presa in giro* nei loro confronti i commenti degli altri, addirittura le osservazioni che noi tentiamo di fare per *il loro bene* (vecchia storia).
Con loro dobbiamo mettere in soffitta il nostro -a volte- *spirito di patate* e il nostro *sarcasmo* (sia pur esercitato senza malizia e intenzione).
Dobbiamo comunicare con loro attraverso la gentilezza e un misurato senso critico: hanno una immagine dell'io molto fragile, anche se pieni di fascino (e non perché siano i nostri).
Guardano a loro stessi con un po' di paura e -in alcuni casi- sono veramente *troppo sensibili* per la cosiddetta *selezione naturale* sempre in corso.
Cercano di nasconderlo per non farci male, ma spesso sono estremamente critici nei nostri confronti: magari pensano che abbiamo perso i sogni e la fantasia o il credo o la speranza, soltanto perché cerchiamo di essere razionali nei confronti dei loro atteggiamenti idealisti. Spieghiamogli che non è vero!

Non fate loro troppe *pulci* su quanto sognano, anche se strano e irrealistico
(per voi)

Siate d'accordo sui loro sogni, per quanto possibile
(c'è tempo per discuterne)
Non fate pressioni per avere il loro assenso
(ve lo daranno: a lungo, se l'avete meritato)
Fate loro dei complimenti sinceri
(perché sono sensibili e si accorgono di tutto)
Siate comprensivi, anche se seri e determinati nel giudizio
(specialmente se richiesto)

Rassicurateli sul mondo, dove i più sensibili soffrono ma quasi sempre vincono

I FIGLI AMBIZIOSI E DECISI AD ARRIVARE (DA QUALCHE PARTE NELLA VITA)

Cari genitori,
 e se i nostri figli sono AMBIZIOSI, decisi ad arrivare a qualunque costo?

A qualunque costo speriamo di no.
Ma ci sono fra i nostri figli quelli che si danno sempre da fare e svolgono le loro cose con forte determinazione. Di contro, però, spesso tendono a essere AGGRESSIVI e molto QUADRATI; frequentemente IMPAZIENTI.

Dai nostri figli non si possono avere l'uovo e la gallina.
Certo per noi il massimo sarebbe che fossero TRANQUILLI, che non ci facessero stare in ansia (non doverci sentire preoccupati per le loro decisioni); ma che, nel contempo, PROGREDISSERO in tutti gli ambiti della vita (prima la scuola, poi il lavoro e anche in amore).

Ma *il successo non richiede spiegazioni e il fallimento non ammette scuse*, come riferisce Napoleon

Hill nel suo trattato sulla riuscita dell'uomo in questa vita intitolato *Think and grow rich*. La vita è un'IMPRESA: la filosofia di chi intraprende è quella di CORRERE IL RISCHIO CALCOLATO e procedere per tentativi intelligenti fino alla conquista della meta o ad aver capito il perché non è stata raggiunta (esperienza).

Il pensiero, seguito da un forte desiderio, ha la tendenza di tramutare se stesso nel suo equivalente fisico (da manuale). Il segreto di questo metodo non c'è: si tratta delle leggi eterne della natura, disponibili per ogni persona che ha la FEDE e il CORAGGIO di usarle.

Coloro che raggiungono una decisione definitivamente e velocemente sanno ciò che vogliono e, di solito, lo ottengono (nel bene e nel male).

Il mondo ha l'abitudine di fare posto all'uomo le cui parole e azioni dimostrano che sa dove vuole arrivare (è la storia).

L'indecisione è un'abitudine che, di solito, ha inizio nella gioventù e che diventa poi permanente man mano che i ragazzi superano le elementari, le scuole superiori (e anche l'università) senza una meta precisa.
L'abitudine dell'indecisione segue lo studente nel lavoro che lui sceglie (se, in effetti, è lui a scegliere la sua occupazione). E la stragrande maggioranza delle persone INDECISE si trova ora così perché

non aiutate e incoraggiate a prendere DECISIONI PRECISE e a programmarle con una certa progressione.

Quindi, cari genitori, se i nostri figli sono DECISI di natura, congratuliamoci con i cromosomi che li hanno costruiti così: il nostro compito sarà di ASSISTENTI, CONSULENTI, ORIENTATORI, ANGELI CUSTODI. E *niente paura:* fidiamoci di noi e di loro. Il risultato di una vita coraggiosa vale bene il RISCHIO CALCOLATO.

PICCOLO VADEMECUM:

Parliamo con i nostri figli delle soglie di difficoltà da noi superate nella vita (senza lagnarci per la fatica sopportata, senza rampogne nei loro confronti - *ai miei tempi...-,* parliamone come ne parleremmo con un amico).

Siamo affettuosi e simpatici con loro nel quotidiano, ma anche concreti: i loro eroi (al cinema, nei fumetti, nello sport) lo sono; partecipano e spesso vincono.

Facciamo che assistano ai nostri migliori goal nella vita (l'esempio conta sempre molto).

Cerchiamo di avere risultati sempre migliori nel tempo e facciamo che se ne accorgano (essere orgogliosi del proprio papà e della propria mamma è una necessità per i figli, specialmente per quelli decisi : *Il mio papà...! L'ha detto la mamma...!*).

Parliamo con i nostri figli del futuro dell'umanità con positività e fiducia (solo noi possiamo trasferire nel loro cuore e nella loro mente la voglia di combattere e sopravvivere fino ad arrivare a servire i loro fratelli con idee progressiste in ogni campo della vita sociale).

Consideriamo i nostri figli sempre all'altezza delle situazioni che si presentano loro (non sottovalutiamoli mai).

Non perdiamoci in consigli ovvi (troviamo dei punti di discorso che li sorprendano; il loro spirito di *nuovo* e di *avventura* aborrisce il qualunquismo).

Dimostriamo ai nostri figli (per far sì che continuino nel tempo a raccontarci le loro esperienze) di essere colpiti dal loro coraggio e dalla loro capacità decisionale.

Ricordiamoci che i nostri figli (specialmente quelli decisi) vogliono essere sicuri di fare bella figura con noi, perché tengono alla nostra stima.

Rassicuriamo i nostri figli sul fatto che noi siamo moderni, gente di questo tempo, capaci di traghettarli nel futuro con competenza, forza e amore.

RIFLESSIONE FINALE:

Le persone che raggiungono la decisione definita
di far sì che la vita paghi loro il prezzo che
pensano di meritare
mettono in palio le loro false sicurezze
(il certo per l'incerto dicevano gli antichi)
E tutti sappiamo che
indipendenza finanziaria
benessere

*posizioni professionali e familiari felici
non sono alla portata di coloro che tralasciano o
rifiutano
di pretendere, programmare e domandare tutto
questo alla vita*

Affettuosi e sinceri auguri di decisioni azzeccate ai nostri figli, cari genitori.

Se non glieli facciamo noi...

I FIGLI SILENZIOSI

Cari genitori,
 con questo libro intendo augurare ai nostri figli uno splendido futuro (anche a noi naturalmente, ma era sottinteso). Che possano ottenere tutti quei risultati che per un giovane oggi sono a volte paradossalmente più difficili da raggiungere che in passato, quando *si stava peggio*.

È una vecchia storia: non sempre il tenore di vita è sinonimo di felicità interiore.

Sarebbe facile polemica elencare qui tutte le cose che i nostri figli hanno oggi e fare il confronto con il passato. Non lo farò. Mi limiterò a riflettere - come adulto degli anni 2000- sui valori che possiamo ancora cercare di trasmettere a questi ragazzi che a volte vediamo *troppo timidi; un po' diffidenti; gratuitamente spavaldi; superficialmente amichevoli; inconcretamente fantasiosi; un po' scostanti; eccessivamente prudenti; già così megalo-*

mani; ingiustificatamente pessimisti; pericolosamente volubili; ingenuamente seguaci; esageratamente sensibili; decisi e ambiziosi oltre i limiti dell'etica.

Forse bisognerà soltanto ascoltarli con amore e guidarli con il buon senso e con il coraggio di un tempo, quando la brava gente riusciva a crescere molti figli nella povertà, con immensa fiducia e speranza nel futuro.

Sicuramente un onesto *mea culpa* sul nostro livello di ascolto, in riferimento alle loro ansie e paure, possiamo farlo.

Anche noi, spesso, soffriamo di ansie e paure.
Forse qualche volta ci siamo distratti, non li abbiamo ascoltati proprio bene.
Ma siamo i loro genitori, li abbiamo generati così, con quel *temperamento* (impianto cromosomico). E abbiamo contribuito a far sì che si formasse in loro quel *carattere*.

Le recenti ricerche sul *genoma* hanno confermato che la parte del leone nella formazione del carattere dell'uomo la fa l'ambiente: noi genitori siamo l'ambiente primario per i nostri figli. Spero che almeno su questo siamo tutti d'accordo.

Quindi
AL LAVORO!

Attrezziamoci per ascoltarli ancora meglio di quanto abbiamo saputo fare finora.

Desidero parlarvi in questo capitolo del "nostro"

libro di un tipo di figlio che spesso ci mette ansia, perché non riusciamo a capire cosa pensa il *FIGLIO SILENZIOSO*.

Nella vita, davanti alla realtà, ci sono quelli che *esplodono* e quelli che *implodono*. *Esplodere* vuol dire esprimersi con gli altri (a volte addirittura con troppa aggressività); *implodere* vuol dire MANDAR GIÙ (in parole povere, ma è questo che noi genitori temiamo).

Una cosa è certa: i nostri figli *silenziosi* sono quasi sempre degli ottimi ascoltatori, capaci di notare immediatamente qualsiasi debolezza o inconsistenza nella nostra esposizione quando decidiamo di parlare con loro per tentare di aiutarli a crescere.

DOBBIAMO PREPARARCI

INTANTO DOBBIAMO DARE LORO IL TEMPO DI RIFLETTERE su quanto noi diciamo. Non usciranno dal loro silenzio riflessivo troppo facilmente. Fare delle pause e guardarli negli occhi con totale accettazione (amore) sarà la chiave. Diamo loro modo di soppesare bene le nostre proposte, in modo da poter decidere con calma.

SIAMO POSITIVI E FIDUCIOSI NEL LORO ASCOLTO, pazienti (la pazienza è la virtù dei forti). Spieghiamo chiaramente. Ascoltiamo attentamente. Non sfuggiamo alle rare obiezioni che i figli *silenziosi* decidono (riescono a) di farci. Questo atteggiamento forte e paziente li indurrà ad avere fiducia in quanto diciamo.

INTERESSIAMOLI CON STORIE DI VALORE

UMANO. Quasi sempre i *silenziosi* sono buoni. Analogie, testimonianze, storielle e aneddoti possono essere graditi. Che siano pertinenti alla situazione però.
Buoni ma non schiocchi, i figli *silenziosi*.

CHIEDIAMO LORO DI ESPRIMERSI MEGLIO. Quando il silenzio viene rotto è l'occasione. Il nostro interesse per le loro idee li stimolerà a fare replay. Mentre spiegano a noi, chiariscono meglio anche a loro stessi. Poiché sono intelligenti, ascoltandosi soppeseranno le loro convinzioni. Potrebbero anche cambiarle, se sbagliate (solo se le nostre sono sagge, però).

Se il dialogo è avviato -cari genitori- e lo saprete gestire con pazienza, il silenzio piano piano si romperà (anche se il figlio *silenzioso* non diventerà mai un chiacchierone).
Troverete un modo per coprire il golfo di silenzio che vi separa a volte dai vostri ragazzi (quasi sempre molto concreti) ponendo loro domande che richiedano un loro impegno:

- *Da quanto tempo?*
- *Quali sono gli obiettivi?*
- *Quali le maggiori difficoltà?*
- *Quali i tempi?*

Senza pressione, ma con interesse autentico.
Valutando insieme a loro il da farsi.
Magari *in silenzio*, guardandosi negli occhi.

UN BEL TACER NON FU MAI SCRITTO...

RIFLESSIONE POSTUMA

Avevo appena finito di scrivere il capitolo sui *figli silenziosi* che già il rimorso mi coglieva. Siamo in primavera e l'idea di dedicare una poesia ai nostri figli mi aveva accompagnato per tutta la stesura del paragrafo. Una poesia d'amore tipo quelle che scrivevo di getto alle ragazze di cui mi invaghivo in gioventù.

Poi il pudore mi ha fregato (è successo anche a voi qualche volta?).

Il pudore di che?
Forse i nostri figli non sono romantici abbastanza per comprendere?
Dagli sms che si scrivono fra di loro -ogni tanto li leggiamo sui giornali- direi che sono dei tenerissimi poeti.

Forse i nostri figli non valgono il nostro cuore di poeta (residuo), al pari degli antichi amorini? Quella per loro è una forma d'amore sublime, e vale bene uno sforzo per battere ogni forma di gratuito pudore. Non credete?

Il gratuito pudore di cui ho appena parlato rientra nella lunga serie di inconvenienti che frenano l'espressione dei nostri sentimenti ogni giorno. E non soltanto nei confronti dei nostri figli.
Barriere ad esprimerci con il cuore provocate dal traffico perverso delle cose da fare. Sono inconvenienti banali (forse) ma pericolosi: hanno il potere di ridurre e impoverire le perle che nella vita occorre donare agli altri per comunicare la nostra atten-

zione, il nostro amore.
Quante mogli e fidanzate all'ascolto trovano nel loro compagno (che cresce in un ruolo lavorativo, per esempio) meno attenzione che in passato? E a quanti mariti e fidanzati accade di non riconoscere e ritrovare più la loro principessa, magari impegnata in importanti problemi familiari e professionali che per la donna sono ancora più gravosi che per noi?

Non avere più tempo per le piccole attenzioni sentimentali è uno dei peccati più gravi di questi ultimi frenetici tempi. E vale massimamente quando ragioniamo su come instaurare un rapporto migliore con i nostri figli.

Questo libro è una guida per amarli, per seguirli meglio e aiutarli a crescere.
È un libro d'amore dedicato proprio a loro.
Così è nato nel mio pensiero.

Desidero dedicare questo capitolo del mio libro, cari genitori, alla poesia mancata di cui vi ho appena accennato: una poesia per i figli che crescono e spesso non capiscono cosa sta loro succedendo.

Diventare grandi è tutt'altro che facile.
A volte siamo distratti nei confronti dei nostri cuccioli, magari perché -paradossalmente- molto impegnati a pensare a loro, al loro futuro. Il futuro ce l'hanno dentro i ragazzi. Lo sapranno scoprire e inventare soltanto se non si addormenterà la loro fantasia, la loro fiducia nella vita e in noi genitori.

Non possiamo perdere il ruolo di guida spirituale che ci spetta nei loro confronti!

Mentre scrivo questa pagina, da pochi giorni è primavera.
Buona primavera ai nostri figli, cari genitori

POESIA

Raccontami al mattino
la stanza dei giochi lasciata all'improvviso
all'alba del tuo viaggio
portando i sogni
a correre l'azzardo di una partita nuova
Forse non è la stessa
Forse è soltanto adesso
Forse è la stanza
dove inventare i giochi del tempo nuovo e antico
dedicato alla speranza futura
al sogno passato
alla musica senza confini
alla poesia senza ragione
al cuore viandante
all'anima immortale di Te per sempre...

I FIGLI OBIETTORI-POLEMICI

Cari genitori,
è piaciuta la poesia della *stanza dei giochi* ai vostri figli?

Se gliela avete fatta leggere e loro l'hanno appena appena guardata con sufficienza, non spaventatevi: in realtà non sono così cinici. Prendiamo esempio da noi: non sempre la commozione traspare, ma quando qualcosa ci tocca, resta nell'anima PER SEMPRE.
Tutti abbiamo nella mente e nel cuore informazioni tenerissime, ricordi che riguardano la nostra antica famiglia -per esempio-, episodi che allora non abbiamo riconosciuto fino in fondo: per immaturità, per timidezza, per stupida superbia adolescenziale. Queste informazioni oggi, mentre il tempo passa, a volte ci tornano in mente e diventano utili: spesso io ringrazio col cuore i miei genitori per essere andati avanti a dialogare con me anche quando fingevo noia e fastidio. Pertanto sia stretta dentro la nostra mano quella parte di *guida spirituale* dei nostri figli che ci spetta come famiglia.

L'ultima tipologia di figli che abbiamo analizzato nei dettagli è quella dei *silenziosi*. Non spingiamoli tanto a parlare, quanto a riflettere; guardiamoli negli occhi e nell'anima in silenzio anche noi se serve: *un bel tacer non fu mai scritto*, abbiamo concluso.

Ma quanti tipi di figli ci sono a questo mondo?
Tante teste, tante idee; purché le diversità di vedute e di comportamento arricchiscano la società in cui ognuno di noi si muove.

Che i nostri figli possano diventare preziosi per il loro mondo di riferimento, mentre crescono, è un obiettivo che noi genitori dobbiamo ritenere -senza ombra di dubbio- *irrinunciabile*. La capacità di interagire con gli altri è lo strumento che noi dobbiamo aiutarli a conquistare, a prescindere dal loro carattere che potrebbe diventare, anzi, proprio il veicolo d'azione sociale più tangibile.

Ogni difetto dei nostri figli può diventare pregio poiché all'inizio della vita è soltanto una caratteristica che noi genitori dobbiamo aiutare a crescere in positivo.

Una signora mi ha detto una sera (facevamo in conferenza, appunto, questa ipotesi della caratteristica che può diventare pregio anziché difetto); mi ha detto: *ma quello che lei dice vale anche per un FIGLIO OBIETTORE POLEMICO?!*

Ho dovuto e voluto rispondergli di sì, perché anche questi sono figli.
Gli *obiettori-polemici* che incontriamo sul nostro cammino (per strada, sul lavoro, alla riunione di

condominio, nella scuola dove vanno i nostri figli, all'ospedale dove purtroppo è ricoverato un parente, nelle varie riunioni a cui partecipiamo nell'intento di dare il nostro contributo sociale) questi *insopportabili* (come li abbiamo spesso definiti) che ci fanno perdere tanto tempo, sono e -soprattutto- sono stati *figli di qualcuno*.
Chissà se a casa e a scuola -quando erano giovani- qualcuno li ha veramente aiutati a registrare e a limare questa loro caratteristica che più tardi nella vita li avrebbe resi *insopportabili* a noi?

Anche da piccoli gli *obiettori-polemici* si riconoscono:
A loro piace far polemica per il gusto di farla (ma da chi hanno preso?).
In verità, se guardiamo in profondo, questa loro attitudine è dovuta a un senso di inadeguatezza che li tormenta.
Spesso sono sarcastici, ostili, cocciuti.
A volte te li mangeresti (perché sono anche simpatici)*; altre ti penti di non averlo fatto* (mangiarli intendo).

CHE SI FA?!

Intanto (diciamolo anche agli altri della famiglia) *evitiamo di trascinarli in polemica*: parliamo di una questione per volta (ogni insert esterno al discorso - anche se complementare- li invita a nozze per l'obiezione di turno); *evitiamo battute e discussioni* che potrebbero causare controversie; citiamo fatti e non opinioni; se i nostri figli *obiettori-polemici* vogliono parlare di qualcosa di specifico *ALLORA LO DICANO CHIARAMENTE!* (bisogna saperli anche combattere) e noi cercheremo di essere chiari con loro come loro lo saranno con noi.

Non dobbiamo essere *inconcludenti* con i figli *obiettori-polemici*; sarebbe come entrare nel castello di Dracula a mezzanotte con il collo scoperto...

Facciamo spesso delle pause mentre parliamo con loro e guardiamoli bene in faccia, magari sorridendo sotto i baffi (le mamme si aggiustino): è per comunicare che sappiamo *da quale piede zoppicano, dove casca l' asino*; che conosciamo *il nostro "pollo"*(sempre con rispetto, per carità, ma con determinazione: l'amore non è sopportazione ma confronto sincero per il bene comune).

Diamo aiuto ai nostri figli *obiettori-polemici* cercando di ottenere, con AUTOREVOLEZZA, la loro piena attenzione (non confondete l'*autorevolezza* con l'*autorità* inutile e dannosa, specialmente nei rapporti d'affetto, a cui già troppe volte avete fatto ricorso senza successo).

Mettiamo l'enfasi su qualche particolare del discorso che pensiamo possa avere *effetto bloccante* su di loro; un argomento che li affascini e li "paralizzi" per qualche secondo, per dar modo a noi di raccogliere le forze e proseguire nel dibattito.

Siamo *onesti intellettualmente* nell'esposizione dei fatti e delle ipotesi.
I nostri figli *obiettori-polemici* devono avere stima nei loro genitori per riuscire a calmierare la loro naturale aggressività: evitare argomenti "scomodi per noi" o, peggio ancora, essere deliberatamente disonesti nell'affrontarli, alla fine ci si ritorcerà contro; anche se, *temporaneamente* -con la nostra

evoluzione generazionale- saremmo in grado di convincerli e di "fregarli".

Facciamo loro dei *p.c.s.* (*piccoli complimenti sinceri*): diamo *a Cesare quello che è di Cesare* e ai nostri figli *la ragione quando ce l'hanno* (anche se sono tendenzialmente *obiettori-polemici* e ci stimolano la "vendetta"); con questa tipologia di figli nel confronto familiare di ogni giorno occorre essere *almeno inizialmente* d'accordo: - *Questo è giusto, tuttavia...*

Impariamo a tollerarli un po' di più, questi figli *obiettori-polemici*. L'abbiamo già detto: *nessuno è perfetto,* neppure i nostri figli.

Una goccia di miele nel cuore di un uomo
rappresenta la via maestra
che ci condurrà al suo cervello
rendendolo sgombro da resistenze e paure
(Abramo Lincoln)

I FIGLI TRASCINATORI

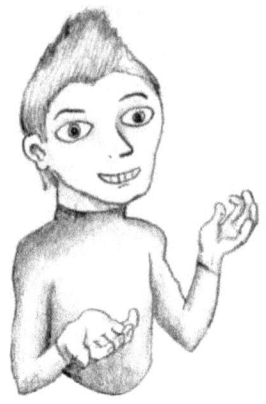

Nessuno è perfetto, neppure i nostri figli.
Così abbiamo concluso la puntata sui ragazzi *obiettori-polemici,* cari genitori.

Ci avete pensato?

E poi nessuno a questo mondo (che ha a che fare con noi e dal quale ci aspettiamo cose ben precise) è come noi lo vogliamo: mogli, mariti, genitori, parenti, amici, colleghi, capi, collaboratori, soci in affari, compagni di partito, figure istituzionali. La critica e la lagnanza si sprecano contro tutti; e quelli che noi critichiamo forse stanno criticando noi.
Che fuga di energia!

Noi siamo interdipendenti recita lo studioso anglosassone Earl Nightingale *e non possiamo riuscire senza l'aiuto degli altri; è il nostro atteggiamento verso di loro che determina il loro atteggiamento verso di noi..*Facile a scriversi per uno studioso.

Difficile ad applicarsi per noi esseri normali, perennemente turbati dalla speranza tradita.

Nella nostra galleria dedicata ai figli mancano ancora pochi quadri (li guarderemo con nostalgia quando i nostri bimbi saranno cresciuti).

Per esempio, non abbiamo parlato dei *FIGLI TRASCINATORI:* piccoli leader naturali che pensano di poter sempre ottenere qualcosa, in qualsiasi tipo di situazione; convinti che il loro "intelligente" modo di fare spingerà noi genitori a cambiare le condizioni negoziali proposte in partenza (ora del rientro, vacanze nel mondo, acquisti improbabili, ecc.).

I *figli trascinatori* possono facilmente confondere; trascinandoci (appunto) in situazioni di imprudenza, di mancata vigilanza, di immatura e ingiustificata permissività da parte nostra.

Sempre per il loro bene (questo non si discute) dobbiamo cercare di evitare di parlare troppo a lungo dei nostri dubbi su quanto ci propongono: ora tarda, lontano, mancanza di fondi... Attenti, sono *trascinatori* e ci faranno addirittura sentire un po' stupidi e in colpa per le nostre obiezioni banali. Piuttosto dobbiamo essere precisi (sempre valorizzando il loro pensiero a meno che non sia quello di *mettere in pista una rapina* o simili); precisi nel fornire loro informazioni, relative al progetto discusso, che nell'entusiasmo erano sfuggite:
- *Fantastico! E pensa quando...*
- *Ma c'è di più, puoi immaginare che...*
- *Ci sarà da ridere nel momento che...*
- *Come ti invidio...!*

Dovremo concentrare la nostra interlocuzione sui punti potenziali di forza del progetto: obiettivi di qualità irrinunciabili che i nostri *figli trascinatori* potrebbero dare per scontati e sui quali noi possiamo "subliminalmente" farli riflettere e responsabilizzarli. Spesso, per convincere un altro e battere le sue resistenze, trascuriamo valutazioni più accurate da ponderare prima di decidere. In quel momento l'obiettivo e convincere. Ma con-vincere significa vincere insieme, non trascinare qualcuno dalla nostra parte.
I figli di cui stiamo parlando sono *trascinatori* e - nel contempo- ancora piccoli; quindi competitivi fino ad esasperarci.

Pertanto non dovremo discutere su tutto (a volte più competitivi di loro).
Perché lì ci fregano.

CONCENTRAZIONE!

Blocchiamo la discussione condividendo.
-*Sono d'accordo...*
- *Non posso darti torto...*
- *La penso come te...*

La pausa che seguirà (i nostri *figli trascinatori* avranno segnato un goal e prenderanno fiato) ci consentirà di tirare fuori l'asso dalla manica, noi avremo studiato a fondo il progetto (altrimenti perché dovremmo essere noi i genitori):
- *... Devi però considerare...*
- *... Tuttavia, devi ammettere...*
- *...Ma consentimi di...*

Non dobbiamo vincere una battaglia, ma conquistare il nostro ruolo guida in modo naturale, con autorevolezza democraticamente riconosciutaci. Oppure assegnare, con orgoglio, il ruolo guida ai nostri *figli trascinatori*, ormai cresciuti e realmente preparati; pronti a guidare più che a trascinare.

Soprattutto noi genitori dobbiamo sforzarci di essere *positivi* e *fiduciosi* se vogliamo il loro ascolto. Il nostro atteggiamento indurrà i *figli trascinatori* a mollare la presa e ad affidarsi: anche loro si stancano nel tentare disperatamente di convincerci.

E sarà il momento delle coccole...!
Un forte abbraccio!

I FIGLI PROCRASTINATORI

Studiando la vita di molte persone che - dichiaratamente- non avevano sperimentato la meravigliosa esperienza della riuscita nella vita (quel minimo di successo di cui tutti abbiamo bisogno per sentirci vivi); analizzando il percorso esistenziale di persone deluse, avvilite, spesso incattivite, ho notato che la mancanza di decisione era quasi sempre in cima alla lista delle cause del loro fallimento.

La procrastinazione, l'opposto della decisione, è un nemico comune che praticamente ogni essere umano deve vincere.

I primi eventuali sintomi di questa malattia i nostri figli cominciano a comunicarceli quando li vediamo rimandare una decisione quanto più a lungo possibile; magari qualcosa di importante, riguardante la scuola, gli amici, cose che vorrebbero fare ma che non si decidono mai di mettere in agenda.

Generalmente le scuse sono buone:
- *Devo vedere...*
- *Bisogna che ci pensi...*

Il loro procrastinare, rimandare significa indecisione.
Nel capitolo dedicato ai figli *ambiziosi* e *decisi* ci siamo soffermati su un pensiero: *coloro che raggiungono una decisione definitivamente e velocemente sanno ciò che vogliono e -di solito- lo ottengono.*

Abbiamo poi cercato di spiegare come l'indecisione sia una abitudine che di solito ha inizio nella gioventù, con il rischio di diventare permanente man mano che i ragazzi superano le elementari, le scuole superiori, l'università senza una meta precisa.

Tutti abbiamo potuto notare nella vita che sapere ciò che si vuole rende meno indecisi, più coraggiosi.

> Il pensiero seguito da un forte desiderio
> ha la tendenza di tramutare se stesso
> nel suo equivalente fisico

Cercare di scoprire il segreto di questa *"magia"* non è facile.

Per chi vi si addentra: *non aspettatevi di trovare un miracolo perché non lo troverete; troverete soltanto le leggi eterne della natura e queste leggi sono disponibili a ogni persona che ha la fede e il coraggio per usarle; sono leggi che possono essere usate per ottenere qualsiasi tipo di risultato.*

Sapere ciò che si vuole.
Fede -Fiducia.
Coraggio.

Risorse naturali che la creazione ha messo a disposizione di chiunque.
Risorse molto spesso assopite dal condizionamento che l'ansia, la paura e l'eccessivo stress provocano dentro di noi (e nei nostri figli, naturalmente).

Procrastinare è paura di decidere.

Come abbattere questa paura nei nostri figli?

Certo con una cura particolare del dialogo (come con tutti gli altri figli d'altra parte).

In particolare con i *PROCRASTINATORI*:

Per tenerli concentrati sull'obiettivo che tentano di vedere troppo lontano e per il quale non si decidono ad elaborare strategie di conquista, occorre non distrarli con discorsi troppo lunghi e saccenti; evitare battute e discussioni che potrebbero causare controversie; citare fatti e non opinioni.

Per renderli più concreti, coraggiosi e rapidi nel prendere quella decisione che tentano di rimandare, occorre parlare con semplicità delle soglie di difficoltà da noi superate nella vita; parlarne senza vanagloria per ciò che abbiamo fatto, con umiltà ma anche con fierezza per aver deciso e risolto.
Tutti i figli desiderano essere orgogliosi dei loro genitori e se ci capita lasciamo che assistano ai nostri risultati migliori: portiamoli con noi alla conquista delle cose giuste e buone , chiediamo loro un

consiglio, magari nel tentare di aiutarci si sbloccano; l'amore fa accadere molte cose impossibili.

Per renderli più positivi e fiduciosi nelle loro possibilità di decidere con successo, magari anche imparando da eventuali errori (sbagliando s'impara, ecc), cerchiamo di essere per primi -noi genitori- positivi e fiduciosi, anche nelle cose banali del quotidiano. L'esempio conta più della parola.
I bambini ci guardano, tentava di spiegare Vittorio De Sica in un'opera neorealista degli anni '40 che ci preparava a uscire dalla guerra e a elaborare quel tremendo lutto.

Per renderli più sicuri rassicuriamoli ogni volta che possiamo: un piccolo complimento sincero (pcs) anche per le piccole cose compiute nel quotidiano li aiuterà.
Ma ricordiamoci di farlo: siamo troppo distratti a volte noi genitori, troppo concentrati su di noi; anche i professori a scuola spesso lo sono; e ai nostri figli pensano i mass-media, a volte le cattive compagnie (accade spesso, basta leggere il giornale: banale ma vero).

Procrastinare è paura di decidere, ho affermato qualche riga fa.
E mi sono domandato -domandandolo a voi- *come abbattere questa paura nei nostri figli?*

Con una particolare cura del dialogo, certo. Ma soprattutto con uno sforzo positivo-continuo da parte nostra.
Uno sforzo positivo-continuo mirato a indurre nei nostri figli procrastinatori la fiducia.

Uno sforzo compiuto
attraverso
l'esempio, l'amore e la parola giusta.

LA FIDUCIA...

La fiducia è una cosa seria...
Lo affermano i maestri pensatori con parole importanti.
E lo afferma anche (scherziamoci un po') la pubblicità.
Una nota azienda di formaggi qualche tempo fa non ha trovato veramente niente di meglio dell'argomento della fiducia per tentare di convincerci a decidere di acquistare i suoi prodotti senza indugio.

La fiducia è una cosa seria è rimasto uno slogan-culto dell'indimenticabile *Carosello* (quello che ci lasciavano vedere da bambini prima di andare a nanna sul primo canale televisivo della RAI).

I nostri figli -e non solo quelli procrastinatori- devono abituarsi nella vita a non rimandare, perché il tempo scorre in fretta e si porta via l'energia, la speranza, la giovinezza. Si porta via le forze che permettono di agire anche "controvento", sfidando l'impossibile, in difesa del progresso.

I nostri figli, dopo aver deciso nella vita, devono abituarsi a perseverare.
La perseveranza è un fattore essenziale per poter tramutare il desiderio in un equivalente concreto.
La base della perseveranza è la *forza di volontà*. La forza di volontà e il desiderio, quando propriamente abbinati, formano una coppia irresistibile.

Ma quali desideri covano nel loro cuore i nostri

figli?
Siamo capaci di leggere nel loro cuore per tentare di aiutarli?

Se nessuno li aiuta (a qualcuno di noi è accaduto) i ragazzi rischiano di gettare via i loro sogni per arrendersi alla prima disavventura. Pochi continuano fino al raggiungimento della meta. Il tasso di abbandono nelle nostre università lo rivela chiaramente (vale anche per le delusioni d'amore: separazioni precoci, paura di innamorarsi ancora, ecc).

Lo scrittore Hill afferma: *"...non ci sarebbe niente di eroico nella parola perseveranza, ma la qualità sta al carattere dell'uomo come il carbone sta all'acciaio..."*

Chi glielo dà il carattere ai nostri figli?
Secondo Alexander Everett inventore della *dinamica mentale* e del *salto interiore*, l'auto-immagine dei nostri ragazzi si forma nei primi anni di vita:

    Per il 50% da zero a quattro anni
    Per il 30% dai quattro anni agli otto
    Per il 10% dagli otto ai quattordici

È evidente la necessità che noi genitori li aiutiamo a crearsi una auto-immagine positiva.

Sempre secondo la Scuola di Everett, i ragazzi -dai sei ai diciassette anni- sono influenzati:

    Dai parenti per 4500 ore
    Dalla scuola per 8/900 ore

I modi di persuasione e di condizionamento esterno, poi, sono numerosissimi e li bombardano fin dalla prima infanzia.

Morale: la nostra auto-immagine (e quella dei nostri figli) statisticamente è costruita da altri per scopi (anche buoni) che non sono i nostri.

Occupiamoci dei nostri figli in modo sano e positivo, dunque.
Ispiriamoli, orientiamoli senza condizionarli.

Fosse facile...!
Aiutarli a decidere e a diventare perseveranti.
Un bel programma...

La mancanza di perseveranza è una delle maggiori cause di fallimento.
L'esperienza fatta come trainer con migliaia di persone mi ha dimostrato che la mancanza di perseveranza può essere combattuta soltanto aumentando l'intensità del desiderio.

Il punto iniziale di tutte le conquiste è il desiderio.
Se vogliamo veramente aiutare i nostri figli a crescere protagonisti della loro vita dobbiamo tenere costantemente in mente che deboli desideri portano a deboli risultati; proprio come poco fuoco dà poco calore.

Se pensiamo che i nostri figli abbiano poca perseveranza nelle loro manifestazioni giovanili, dobbiamo aiutarli a dare più fuoco ai loro desideri per prepararli al domani.

Gli sforzi spasmodici e occasionali nella vita non hanno alcun valore.

Per ottenere risultati occorre sperimentare i sogni fino a quando l'esercizio diventa una normale abitudine. In nessun'altra maniera è possibile sviluppare una *coscienza della riuscita* adatta ai nostri tempi.

Il fallimento è attratto dalla persona la cui mente gli è favorevole.
Come la riuscita e il successo sono attratti da chi è stato deliberatamente preparato per attirarli. E attraverso le stesse leggi naturali.

In *Think and grow rich* (ricerca storica del secolo scorso sul tema della riuscita) l'autore afferma che la coscienza di povertà si pone automaticamente nella mente che non sia già occupata dalla coscienza di ricchezza. Afferma che la coscienza di povertà si sviluppa senza una conscia applicazione di abitudine ad essa favorevole, mentre la coscienza di ricchezza deve essere creata per ordinazione; a meno che l'individuo non sia nato con questo tipo di coscienza.

L'impianto cromosomico dei nostri figli non lo possiamo scegliere.
Uno stile di educazione mirata a tirare fuori il meglio dalla loro fresca speranza, sì.

Noi genitori dobbiamo afferrare a fondo questi significati e capire l'importanza della decisione e della perseveranza nella realizzazione dei sogni dei nostri ragazzi: senza decisione e senza perseveranza saranno sconfitti ancora prima di iniziare.
Se sapremo aiutarli a sviluppare queste qualità, vinceranno.

Come aiutare i nostri figli a uscire dalle gabbie caratteriali che ne possono bloccare la grandezza?

Come aiutarli a vincere la timidezza, la diffidenza, la spavalderia, l'essere amichevoli in modo sbagliato per evitare il confronto, l'essere fantasiosi senza finalizzare la creatività a un risultato concreto per loro stessi e per la società in cui andranno a vivere da adulti?

Come aiutarli a battere il loro essere scostante, troppo prudente e privo di coraggio nell'osare in questa vita?

Come aiutarli a battere la megalomania, il pessimismo, l'essere troppo volubili o troppo seguaci?

Come aiutarli affinché non cadano nella rete della ipersensibilità bloccante, in quella dell'ambizione sfrenata?

Come tirarli fuori dal silenzio ostinato che impedisce loro di comunicare con noi affinché possiamo soccorrerli?

Come aiutarli a capire l'inutilità dell'obiettare polemicamente con tutti?

Come insegnare loro che un buon leader trascina e rende servizio ai suoi interlocutori-fratelli con autorevolezza, senza accedere mai all'autorità e alla violenza fisica e psicologica?

Come insegnare loro che rimandare una decisione troppo a lungo non elimina la paura di prendere quella decisione?

Solo la conoscenza elimina la paura!

Per uscire da queste gabbie -abbiamo sperimentato noi genitori- occorre muoversi prima lentamente, per poi incrementare la velocità fino a ottenere il controllo completo della volontà.

I nostri figli dovranno essere perseveranti nella vita, anche se inizialmente dovranno muoversi piano. Con la perseveranza arriveranno al successo, ognuno nel campo che noi li avremo aiutati a individuare.
Anche i meno fortunati in partenza potranno farcela: molti degli uomini che hanno ottenuto grandi risultati li hanno ottenuti perché ne avevano bisogno; hanno sviluppato l'abitudine della perseveranza perché ne sono stati costretti dalle circostanze. Hanno *dovuto* diventare perseveranti.

Sempre da *Think and grow rich*: *"... quelli che hanno coltivato l'abitudine della perseveranza, sembrano godere di una pòlizza contro l'insuccesso. Non importa quante volte vengano sconfitti. Alla fine arrivano in cima..."*

Scrive Hill in questo libro: *"...spesso sembra ci sia una Guida nascosta, il cui compito sia di mettere alla prova gli uomini con tutti i tipi di esperienze scoraggianti. Quelli che riescono a riprendersi dopo una sconfitta e continuano a provare finiscono per arrivare. E il mondo grida: -Bravo, lo sapevo che ci saresti riuscito!-. La Guida nascosta non permette a nessuno di godersi il grande compimento, senza prima passare l'esame della perseveranza. Quelli che non riescono a superare questo esame semplicemente non raggiungono la meta. Quelli che ci riescono saranno premiati per la loro tenacia: ricevono, come premio, il raggiungimento di qualsiasi meta. E questo non è tutto. Ricevono qualcosa di molto più importante del compenso materiale: la conoscenza che ogni sconfitta porta con sé il seme di un vantaggio equivalente. Le persone che hanno sperimentato la concretezza della perseveranza sono quelli che considerano la sconfitta come una cosa soltanto temporanea. Sono quelli i cui desideri sono così perseverantemente applicati che la sconfitta viene finalmente tramutata in vittoria..."*

Cari genitori, quanta gente abbiamo visto andar giù nella vita?
Gente sconfitta che non si è più ripresa...

Ma abbiamo anche visto alcuni considerare la pena della sconfitta come un desiderio per uno sforzo maggiore. Persone che non hanno accettato la *retromarcia della vita*. Quello che non vediamo, quello che la maggior parte di noi non sospetta nemmeno, è la silenziosa ma irresistibile forza che viene in aiuto di coloro che continuano a combattere pur subendo degli scoraggiamenti.

Li vorremmo così i nostri figli...!
Sbaglio?

Hill conclude una delle sue riflessione con questa frase: *"...una cosa sappiamo, se uno non possiede la perseveranza, non riesce a raggiungere il successo in nessun campo..."*

Alcuni dei nostri ragazzi sognano di fare -da grandi- lavori creativi e diversi, sognano di compiere imprese importanti. A noi viene paura e siamo combattuti: vorremmo incoraggiarli ma temiamo che si facciano del male.

Racconta il libro di Hill della grande e misteriosa Broadway: il *Cimitero delle Speranze Perdute* e *L'Ingresso dell'Opportunità*. *"...da tutte le parti del mondo arrivano a Broadway molte persone per cercare fama, fortuna, potenza, amore o qualsiasi altra cosa che l'essere umano possa chiamare successo. Raramente qualcuno spunta fuori dalla lunga processione degli aspiranti. Quando càpita il mondo sente che qualcun altro ha conquistato Broadway. Ma Broadway non è facilmente conquistabile, tantomeno velocemente. Essa riconosce il talento, il genio e paga in moneta, solamente dopo che qualcuno si è rifiutato di cedere. Così sappiamo che qualcuno ha scoperto il segreto di come conquistare Broadway. Il segreto è sempre inseparabilmente legato alla parola perseveranza..."*

Racconta della lotta di Fannie Hurst, la cui perseveranza ha conquistato la *Grande Strada Bianca*: *"....venne a New York nel 1915 per trasformare i suoi scritti in ricchezza. La trasformazione non avvenne subito, ma avvenne. Per 4 anni Miss Hurst fece la gavetta a New York, come prima esperienza. Passava i giorni lavorando e le notti sperando. Quando le speranze scarseggiavano non disse: -Va bene Broadway-, ma disse: -Molto bene Broadway, puoi sconfiggere altri ma non me. Io farò del tutto per farti cedere-. Un editore (The Saturday Evening Post) le inviò 36 biglietti di rifiuto prima che ella rompesse il ghiaccio con una storia. Lo scrittore medio, come qualsiasi altra persona media, avrebbe rinunciato al primo rifiuto, ma la Hurst si batté per quattro anni perché era determinata a vincere. Poi arrivò la conclusione. L'incantesimo era spezzato, la Guida invisibile l'aveva messa alla prova e lei aveva retto. Gli editori iniziarono a fare corteo alla sua porta. Il denaro arrivava così in fretta che non faceva in tempo a contarlo. Poi il cinema la scoprì, e il denaro non arrivò più in piccole quantità, ma a fiumi..."*

Cari genitori, chi non desidera per i figli la piena realizzazione lavorativa e familiare? Le mamme del dopo-guerra desideravano per i loro ragazzi un "posto di lavoro sicuro", una "brava ragazza" o un "ragazzo perbene" per mettere su famiglia e regalare ai nonni dei bambini belli, sani , ubbidienti e bravi a scuola.

Niente si può ottenere, però, senza coltivare un desiderio egoistico ed onesto, senza crederci fino in fondo, senza prendere decisioni coraggiose e senza portarle avanti con costanza. Nemmeno le cose più semplici.

Fannie Hurst non è un'eccezione.
Tutti quelli che ottengono grandi risultati, potete esserne certi, hanno prima allenato la loro forza. Dice Hill:" ... *Broadway darà a ogni pezzente una tazza di caffè e un panino, ma richiede forza e coraggio da coloro che vogliono delle bistecche...*"
E vale per tutto, non solo per le cose particolari. Ne sappiamo qualcosa visto che abbiamo famiglia.

Per noi genitori, uno degli obiettivi più importanti è quello di aiutare i nostri figli affinché provino a *tenere duro* nella vita.

Tenere duro è uno stato mentale, perciò può essere coltivato.
Come tutti gli stati mentali, il *non arrendersi* è basato su cause definite.
Tra queste, indicate da Hill:

DEFINIZIONE DI SCOPO. *Sapere ciò che si vuole è la prima cosa e, forse, la più importante per sviluppare la tenacia. Un forte motivo aiuta a sormontare molte difficoltà.*

DESIDERIO. *È comparativamente facile acquisire e mantenere una certa tenuta nel perseguire l'obiettivo di un intenso desiderio.*

FIDUCIA IN SE STESSI. *Il credere nella propria capacità di poter conseguire un risultato, incoraggia a seguire il piano, con costanza.*

DEFINIZIONE DI PROGRAMMI. *Programmi organizzati, anche se scarsi o totalmente non pratici, incoraggiano ad andare avanti.*

CONOSCENZA ACCURATA. *Il sapere che i propri progetti sono saldamente basati sull'esperienza progressiva e sull'osservazione, incoraggia a resistere. A lungo l'immaginare, al contrario del sapere, distrugge la perseveranza.*

COOPERAZIONE. *La simpatia, la comprensione e la cooperazione armonica con gli altri tende a sviluppare la nostra resistenza.*

FORZA DI VOLONTÀ. *L'attitudine a concentrare i propri pensieri sulla formazione di programmi per il raggiungimento di uno scopo preci-*

so, incoraggia al lavoro costante.

ABITUDINE. La perseveranza è il diretto risultato dell'abitudine. La mente assorbe e diventa parte integrante delle esperienze quotidiane delle quali si nutre. La paura (il peggiore di tutti i nemici) può essere effettivamente curata con la ripetizione forzata di atti di coraggio.

INVENTARIO

Prima di concludere, cari genitori, facciamo un inventario delle nostre risorse e delle caratteristiche che spesso ci impediscono di *resistere* nella vita.

Aiutiamo i nostri figli a fare altrettanto.

Misuriamoci con coraggio e a fondo per vedere quale dei fattori sotto elencati ci condiziona ancora oggi che siamo grandi.

Questa analisi ci porterà a delle scoperte che saranno utilissime per aumentare l' autocontrollo, quindi la capacità di aiutare i nostri ragazzi.

Forse individueremo i veri nemici che si frappongono tra noi e i nostri sogni, il più importante dei quali ora è sicuramente quello di aiutare i nostri figli a crescere bene.

Individueremo i segni che indicano la debolezza di perseveranza, ma anche le profonde cause di questa debolezza nascoste dentro di noi.

Occorre studiare attentamente questo elenco e guardarci in faccia, allo specchio, lealmente, se vogliamo sapere chi siamo e cosa siamo capaci di fare.

Ci sono delle debolezze che debbono essere affrontate da tutti coloro che desiderano avere buoni risultati (noi genitori vogliamo aiutare i nostri figli):

Mancanza di riconoscere e definire chiaramente ciò che si vuole davvero.

Procrastinazione con o senza causa (normalmente protetta da una formidabile schiera di alibi e scuse).

Mancanza di interesse nell'acquisire una conoscenza specifica.

Indecisione, abitudine di scaricare le responsabilità in tutte le occasioni, invece di affrontarle (sostenute dagli alibi).

Abitudine di fare assegnamento sull'alibi, invece di creare dei piani definiti per la soluzione dei problemi.

Propria insoddisfazione. C'è poco rimedio per questa afflizione, e poche speranze per coloro che ne soffrono.

Indifferenza, che normalmente si riflette in negativo nella prontezza -in tutte le occasioni- di scendere a compromessi invece di andare contro le opposizioni e combatterle.

Abitudine di dare la colpa agli altri per i propri errori e di accettare le circostanze sfavorevoli come se fossero inevitabili.

Debolezza di desiderio, dovuta alla scelta di motivi che non stimolano l'azione.

Disposizione, e persino prontezza, a rinunciare al primo segno di sconfitta.

Mancanza di piani organizzati, messi per iscritto in modo da poter essere analizzati.

Abitudine di rinunciare a seguire delle idee, o afferrare l'opportunità non appena si presenta.

Speranza invece di volontà.

Abitudine di venire a un compromesso con la sconfitta, invece di mirare alla riuscita (mancanza generale di ambizione d'essere, di fare, di possedere).

Ricerca di tutte le vie più corte per arrivare al risultato, cercando di ottenere senza dare un giusto equivalente (classico gioco d'azzardo), cercando di fare affari perfetti.

Paura della critica, incapacità di creare piani e di metterli in azione a causa di quello che possono pensare, fare o dire altre persone.
Questo nemico è il primo della lista in quanto generalmente esiste nel subconscio dove la sua presenza spesso è subdola e irriconoscibile.

PAURA DELLA CRITICA

E SE I NOSTRI FIGLI HANNO TROPPA PAURA DELLA CRITICA?

Esaminiamo con lo scrittore Hill che ci aiuta in questa ricerca, i sintomi più forti della paura della critica: *"... molti permettono ai parenti, agli amici e a chi sta loro intorno di influenzare talmente la loro esistenza da non poter vivere normalmente la vita a causa di una eccessiva paura della critica. Un gran numero di persone sbaglia matrimonio, ma resta unita e conduce una vita miserabile perché ha paura delle critiche. Molti uomini e donne, giovani e meno giovani, permettono ai loro parenti di distruggere la loro vita nel nome del dovere perché hanno paura delle critiche. Il dovere non richiede a nessuna persona di sottomettersi alla distruzione delle ambizioni personali e del diritto di vivere la propria vita nel proprio modo. Alcuni rifiutano di rischiare negli affari quando hanno paura delle critiche che seguirebbero in caso di fallimento. La paura della critica, in questo caso, è più forte del desiderio del successo. Troppe persone rifiutano di pensare ad arrivare ad alte mete, si rifiutano perfino di scegliere una carriera perché hanno paura delle critiche dei parenti e degli amici, che potrebbero dire: -Non mirare così in alto, la gente penserà che sei pazzo-..."*

Quando il Trainer P.G. mi suggerì di lasciare il posto da dirigente che avevo raggiunto prima dei trent'anni (un lavoro "sicuro") per abbandonarmi al desiderio di fare il comunicatore a tempo pieno, il primo impulso fu paura di quello che avrebbe detto la gente.

Era un suggerimento molto sproporzionato per me, al di sopra di quello che io avessi mai concepito fino ad allora. Veloce come un fulmine la mia mente cominciò a crearsi degli alibi e delle scuse, tutte rintracciabili nella relativa paura della critica.

Non lo puoi fare... sei troppi timido.
Cosa penseranno i tuoi parenti?
Come guadagnerai il tuo vivere?
Nessun "ragioniere" è mai diventato comunicatore...
Con che diritto credi di potercela fare?
Chi sei per mirare così in alto?
Ricordati che i tuoi erano operai...
Cosa ne sai della filosofia, della psicologia, della comunicazione?
Qualcuno penserà che sei pazzo (accadde)
Perché tuo cugino non l'ha fatto prima di te?

Come accadde a Hill (a cui mi ispiro spesso) quando decise di scrivere *Think and grow rich*, queste e altre domande scoppiarono nella mia mente e tentarono di attrarre la mia attenzione e distrarmi dal progetto. Sembrava che il mondo mi dedicasse, all'improvviso, tutta la sua attenzione con lo scopo di rendermi ridicolo e in tal modo farmi rinunciare a ogni desiderio di portare avanti il suggerimento del trainer P.G.

Si presentava l'occasione di bloccare le mie ambizioni prima che prendessero il sopravvento su di me.

Più tardi nella vita, dopo aver seguito migliaia di persone nei loro percorsi di crescita, ho scoperto che la maggior parte delle idee muoiono prima di nascere e che per non morire hanno bisogno di un soffio di vita tramite azioni immediate.

Il momento giusto di curare un'idea è alla nascita
ogni momento in più che essa vive
le dà un'opportunità migliore di sopravvivere
La paura della critica
è alla base della distruzione di molte idee
che non hanno mai raggiunto
lo stadio di programmazione e azione...

Ditelo ai vostri figli.

Dite loro di non credere che il successo sia il risultato di un colpo di fortuna.
Coloro che si basano solamente sulla fortuna, vengono quasi sempre delusi, perché tralasciano un fattore importante che deve essere, invece, presente in chi desidera qualcosa nella vita:

La conoscenza
grazie alla quale
i colpi di fortuna
si possono ottenere
a comando
L'unico colpo
che si può fare
con successo
è un colpo
fatto da soli

Esaminate i primi cento ragazzi che incontrate nel mondo dei vostri figli.
Chiedete loro cosa vogliono dalla vita.
Molti non saranno capaci di dirvelo.

Se li spingerete a dare una risposta qualcuno dirà sicurezza, qualcuno denaro e pochi felicità.

Altri diranno fama e potere.

Alcuni diranno: riconoscimenti sociali, facilità di vita, abilità nel cantare, danzare, scrivere, fare sport.

Quasi nessuno di loro sarà però capace di definire questi termini o di dare la più pallida indicazione di un programma attraverso il quale sperano di realizzare questi desideri così vagamente espressi.

La ricchezza non corrisponde ai desideri e basta.
Essa corrisponde a programmi definiti, basati su desideri definiti, attraverso perseveranza costante.

Dite ai vostri figli che ci sono quattro semplici passi per abituarsi a *tenere duro* nella vita. Passi che non richiedono intelligenza fuori dalla norma, né particolare cultura; ma solo un po' di tempo e dedizione:

Una meta definita, coadiuvata da un desiderio bruciante di raggiungerla

Un programma definito che si esprima in azione continua

Una mente chiusa a tutte le influenze negative e

scoraggianti; compresi i suggerimenti negativi da parte di parenti, amici e conoscenti

L'unione con una o più persone che li incoraggino a seguitare con programmazione verso uno scopo.

Questi quattro passi sono essenziali per il successo in ogni campo.
Continuando a leggere Hill: "*...sono passi per mezzo dei quali una persona può controllare il suo destino; sono i passi che guidano alla libertà e indipendenza di pensiero; sono principi che portano al risultato; sono passi che possono portare al potere e alla fama; sono i quattro principi che garantiscono i colpi di fortuna; sono i principi che convertono i sogni in realtà fisiche e portano alla supremazia sulla paura, sullo scoraggiamento, sull'indifferenza...*"

Domandatevi, insieme ai vostri figli, quale potere "mistico" dà agli uomini perseveranti la capacità di superare certe difficoltà.

Dice Hill che la qualità della perseveranza (tenere duro nella vita) mette nella mente di una persona delle forme di attività spirituale, mentale o chimica, che danno l'accesso a forze superiori e che l'*Intelligenza Infinita* si mette a fianco della persona che continua a lottare anche dopo aver perso delle battaglie, con tutto il mondo che gli è contrario...

Nel mio ruolo di formatore, di méntore, ho avuto il privilegio di analizzare la vita di molte persone che hanno ottenuto risultati superiori alla media, di stare loro molto vicino.

E parlo con consapevolezza quando dico che ho trovato come particolare qualità in loro la *perseveranza*. In queste persone il *tener duro* è stata la maggior risorsa dei loro stupendi traguardi.

Se si fa uno studio obiettivo dei condottieri, profeti, filosofi, santi e capi religiosi del passato, si è portati all'inevitabile conclusione che la perseveranza, la concentrazione degli sforzi e la definizione degli scopi, sono state le maggiori ragioni del loro successo.

Diventate i migliori fornitori dei vostri figli.
Loro sono i vostri Clienti più importanti.

Salutateli per me.

BUON LAVORO
e
BUONA VITA

RIUSCIREMO...

Ho aperto questa piccola opera dedicata al rapporto con i nostri cuccioli, pubblicando la lettera di un padre che confida al suo bambino -per iscritto- di essere stato colto da rimorso postumo per averlo maltrattato; per avergli chiesto troppo senza avergli fornito nulla per crescere.

Termino il mio lavoro proponendo ai lettori un'altra lettera di un padre al figlio.
Una lettera preventiva che lo scrittore Rudyard Kipling, Premio Nobel per la letteratura (anno 1907), scrive al figlio per aiutarlo a diventare grande.

È una lettera piena di amore e di responsabilità.
L'obiettivo più ambito per noi genitori è di riuscire a diventare i buoni consiglieri dei nostri figli; ci sentiamo amati da loro anche in relazione all'ascolto e all'attenzione che ci dedicano... (ricordate il prologo di questo libro?).

Anche questa lettera, come la prima, tocca il cuore.
L'ho scoperta per caso, sfogliando buoni scritti per fare meglio il mio lavoro di educatore, dedicato ai bimbi grandi.

Il messaggio di Kipling mi sembra possa rappresentare un ottimo proponimento per viaggiare nella vita, con un ottimo passo, al fianco dei nostri ragazzi.

SE RIESCI... *(R. Kipling)*

Se riesci a non perdere la testa, quando tutti intorno a te la perdono e ti mettono sotto accusa...
Se riesci ad avere fiducia in te stesso, quando tutti dubitano di te,
ma a tenere nel giusto conto il loro dubitare...

Se riesci ad aspettare senza stancarti di aspettare

o, essendo calunniato, a non rispondere con calunnie
o, essendo odiato, a non abbandonarti all'odio
pur non mostrandoti troppo buono
né parlando troppo da saggio...

Se riesci a sognare senza fare dei sogni i tuoi padroni...
Se riesci a pensare senza fare dei pensieri il tuo fine...

Se riesci, incontrando il successo e la sconfitta,
a trattare questi due impostori allo stesso modo...

Se riesci a sopportare di sentire le verità che tu hai detto
distorte da furfanti che ne fanno trappole per sciocchi
o vedere le cose per le quali hai dato la vita distrutte
e umiliarti e ricostruirle con i tuoi strumenti ormai logori...

Se riesci a fare un solo fagotto delle tue vittorie e
rischiarle, in un solo colpo, a testa o croce
e perdere, e ricominciare da dove iniziasti
senza mai dire una parola su quello che hai perduto...

*Se riesci a costringere il tuo cuore, i tuoi nervi, i
tuoi polsi a sorreggerti anche dopo molto tempo
che non te li senti più
e a resistere, quando ormai in te non c'è più niente
tranne la tua volontà che ripete: resisti!*

*Se riesci a parlare con la canaglia, senza perdere
la tua onestà
o passeggiare col Re, senza perdere il tuo senso
comune...*

*Se tanto amici che nemici non possono ferirti...
Se tutti gli uomini per te contano, ma nessuno
troppo...*

*Se riesci a colmare l'inesorabile minuto con un
momento fatto di sessanta secondi
tua è la terra e tutto ciò che in essa è;
e, quel che più conta, sarai un uomo, figlio mio...*

AGORÀ

Perché non ne formiamo una?
Nell'antica città greca era il luogo destinato al mercato e alle riunioni, centro della vita civile e politica. Sull'agorà il nostro progenitore Socrate (forse la figura principale della filosofia greca e del pensiero occidentale) cercava di ribellarsi alla convinzione comune che la filosofia non potesse che essere un mero esercizio retorico. Egli cercava di vederla, invece, come uno strumento di verità, il cui scopo potesse diventare l'individuazione dei criteri di valore che stanno alla base dell'agire e del pensare dell'uomo.

Socrate dichiarava la sua assoluta ignoranza con la nota formula del sapere di non sapere. Provvedeva all'interrogazione degli altri per far nascere in loro, dopo averne smascherato i falsi convincimenti, il desiderio della ricerca della verità. Sosteneva che la virtù dipende strettamente dal sapere; secondo il principio che chi conosce il bene non può non volerlo e chi non vuole il bene è perché ancora non lo conosce.
Voglio invitare ad esprimersi su questo lavoro esperti, studiosi dell'essere umano; in particolare educatori portati all'educare "condur fuori" di latina memoria, impegnati in processi difficili dell'educazione; addetti ai lavori capaci, che possono sicuramente venire in nostro aiuto alla fine di questo viaggio che ci ha portati ancora una volta a ragionare sul carattere dei nostri figli. Chiediamo agli esperti un aiuto ad agire con fiducia, a mettere in pratica perseverando.

L'AVVOCATO DEL DIAVOLO

L'idea dell'Agorà trova una prima realizzazione in questo dialogo tra l'editor del testo e l'autore.
La discussione verte su alcuni dubbi che la prima, come madre, pone al secondo, come coach, dopo aver letto questo manuale.

Anna: - Per scoprire e capire le caratteristica o archetipi dei propri figli bisognerebbe innanzitutto capire i propri, infatti fai bene a ricordare: da chi avranno preso?
Insomma non è facile individuare i meccanismi e metterli in discussione.

Franco: - La parte interessante di questo nostro incontro rimangono le domande molto puntuali che tu mi poni, a cavallo tra l'editor e la mamma.
Sono domande maieutiche, che tirano fuori da me dei pensieri che già avevo, ma che stimolati possono fare la loro bella figura.
Cercherò di rispondere, Anna. Mi cimenterò in un esercizio volteriano (il filosofo Voltaire manda a dire a un suo amico, per iscritto: *vi scrivo una lunga lettera, perché non ho il tempo di scriverne una breve).*

Anna: - Nel testo sembra che tu ti rivolga a genitori con figli in una fascia d'età compresa tra i 10-12 anni e la post-adolescenza.

Franco: - Il target percepito è questo. Ciò non toglie però che esercizi di autocrescita dei genitori lettori (certo i più preparati) possano portare l'applicazione delle nostre indicazioni a un concetto di metacomunicazione applicata all'educazione dei figli

Anna: - Il dialogo con i figli è difficile da instaurare, già con uno, ma se i figli sono due o più e con caratteri diversi?

Franco: - Interviene, a questo punto, la necessità di conoscere le cose più rudimentali della dinamica di gruppo, del gioco di squadra.
Ormai ne parlano tutti e la famiglia è il primo gruppo sociale nell'esistenza umana.

Anna: - E se nell'instaurare il dialogo con l'uno si finisce con l'indisporre l'altro, col quale il dialogo risulta più difficile?

Franco: - Questo ovviamente non deve accadere. Un buon coach non può avere questa paura. Deve prepararsi a dovere a motivare e a guidare la squadra. Altrimenti non può fare il coach.
Anna: - E se il dialogo col figlio si scontra col dialogo fra genitori?

Franco: - I genitori devono recarsi a un consultorio e fare terapia di coppia.

Anna: - E se i genitori hanno difficoltà a stabilire una strategia condivisa?

Franco: - Devono parlarne con un esperto, hanno un grosso problema in questo caso.

Anna: - E se l'affinità tra un genitore e il figlio disturba l'altro genitore che si sente escluso?

Franco: - In questo caso i genitori non sono *complici* e non si può non esserlo quando si ha un progetto in comune. Dalla famiglia in poi.

Anna: - Fino a che punto ha senso che genitori in disaccordo tra loro mascherino la situazione davanti ai figli stabilendo un dialogo falso in partenza?

Franco: - Non devono mascherare e/o falsificare, ma se decidono di stare insieme devono stabilire una strategia comune per non danneggiare il figlio, compreso il parlargli chiaro se è in età da capire e cooperare.
Altrimenti c'é la separazione; non facile da gestire se si hanno dei figli, ma a volte trattasi del male minore

Anna: Fino a che punto i genitori si servono dei figli per ricattarsi a vicenda? La madre che usa i figli per imporre al padre il mantenimento di un equilibrio familiare sfasciato. Il padre che si occupa dei figli a patto che la madre adempia ai suoi doveri di moglie prima che di madre ...

Franco: - Trattasi di atteggiamenti criminali! Devono ragionare insieme e, al limite, farsi curare.

Anna: - Hai ragione, è criminale se non diabolico servirsi dei figli come strumento di pressione. Eppure molti lo fanno e non si sentono affatto criminali, perché non se ne rendono conto.

Franco: - Prevaricazioni, soprusi, violenze varie avvengono spesso nell'universo degli altri con i quali si dovrebbe con-vivere.
Ma come tu dici, molti non se ne rendono conto,

appunto. E cosa si può fare per cercare di redimere situazioni negative la cui bonifica si presenta certamente come irrinunciabile?
Parlarne, da ogni parte e in ogni luogo: noi ne parliamo con Libertà edizioni, visto che qui affrontiamo il tema dei figli.
Non risolveremo certamente il problema, ma un piccolo contributo lo possiamo dare dicendo le cose come stanno.

Anna: - Lo stabilire rapporti diversi tra i figli avviene in quasi tutte le famiglie e nessuno pensa di rivolgersi a servizi d'assistenza... è una prassi "normale", che può spesso incidere anche sui rapporti tra fratelli.

Franco: - Ti sembra giusto? Possiamo accettare questa realtà come granitica con i danni sociali che può procurare?

Anna: - I genitori che non agiscono in complicità sono tantissimi e non mi risulta che intraprendano terapie di coppia...

Franco: - Male!!! Cosa devo dirti cara amica? Molto male! Ragione di più per mettere, nel nostro piccolo -anche noi- il dito nella piaga.

Anna: - Risolverla così è troppo facile, mentre facile non è.

Franco: - E chi la vuole risolvere? Magari!
Ma contribuire sì, tutti dobbiamo, contribuire.
Ognuno con il suo livello di sapere, nei limiti socratici che ognuno deve sapere innanzi tutto di non sapere, per non fermare la sua ricerca.

Anna: - Fino a che punto la famiglia tradizionale, ove le esigenze individuali vengono schiacciate in nome della facciata, può rimanere in piedi nel mondo attuale?

Franco: - Fino a che il prezzo pagato per giocare insieme non uccide i giocatori. No giocatori, no partita.

Anna: - I bambini-ragazzi di oggi, momento in cui in molte famiglie si sceglie la strada della separazione, vivono la situazione con lo stesso dramma di qualche tempo fa, in cui il figlio di divorziati si sentiva "diverso" o la accettano differentemente perché comune a tanti?

Franco: - È sempre un dolore, ma ormai lo vivono in modo diverso.
Per le ragioni che tu esponi: essere figli di separati è quasi la normalità (gasp!).

Anna: - Nel caso di una scelta di divisione quanti genitori sono in grado di assumersi le loro responsabilità verso i figli, a offrirgli un modello corretto? In questo caso il dialogo diventa ancora più importante.

Franco: - Pochi genitori separati sono preparati ad assumersi le loro responsabilità verso i figli e a offrire loro un modello corretto in cui il dialogo venga tenuto nella giusta importanza.
I genitori devono tornare a scuola, evidentemente.

Anna: - Per conoscere i propri figli bisognerebbe innanzitutto conoscere se stessi e mettersi in discussione, ricordarsi che i figli non devono rispondere alle nostre esigenze ma alle loro. Per essere l'arco che lancia la freccia del figlio verso il futuro, bisogna avere innanzitutto la forza di tendere l'arco ..

Franco: - Conoscere se stessi è il primo sintetico e grande messaggio del più importante e fondamentale degli educatori: Socrate.
I figli non devono rispondere alle nostre esigenze ma alle loro... È il tema del libro, in fondo. Anche se il temperamento è una cosa, il carattere un'altra. Il carattere si forma e noi genitori siamo i primi orientatori dei nostri figli, per permettere loro di formarsi un carattere adeguato al mondo in cui vivono e vivranno. Insomma, abbiamo delle responsabilità mica da ridere...

Anna: - Tu hai scritto un libro per un pubblico intelligente e responsabile, utilissimo, ma bisogna provocare, far uscire fuori la verità, o una delle verità. E qual è? Che la maggior parte degli esseri umani si sposa e fa i figli, sceglie o accetta un lavoro senza porsi il dubbio del significato di quel che fa. Come gli è stato insegnato dai genitori ...

Franco: - Ho scritto un libro per un pubblico intelligente e responsabile?
Sono valori presenti in ognuno, magari a volte pieni di polvere. Ma si può forse campare oggi senza un minimo di intelligenza e di responsabilità?
Un giorno chiesero a sir Darwin: *cos'è l'intelligenza?*
Lui rispose: *l'intelligenza è adattamento.*
Ritengo il mio libro una forte provocazione: *tratta i tuoi figli almeno come tratti i tuoi Clienti!*

LA PAROLA AGLI ESPERTI

SERGIO ANRÒ, Insegnante in diversi ordini di Scuola, nelle Carceri e nei Centri di Educazione per gli adulti. Presta la sua opera come volontario dell'ascolto e in Amnesty International. Vive e opera in Sardegna.

Avete presente sant'Antonio abate (quello del porcellino) che bussa alle porte dell'inferno e con un bastone di asfodelo ruba le scintille ai diavoli? Avete presente lo scompiglio che il suo maialetto porta all'inferno, saltando e sgusciando senza farsi mai acchiappare, creando un diversivo?
O ancora: avete nel ricordo il mito del titano Prometeo? I doni rubati agli dèi in favore degli uomini –intelligenza, memoria, faville- e la sua punizione sotto forma di aquila sbranante? Avete presente le conseguenze dirompenti per l'uomo?
Ebbe dalle forze divine, secondo le fantasie popolari e mitologiche, la magia della luce e del calore; ebbe l'intelligenza e la capacità di ricordare.
Bene! È così che io vedo il dipanarsi dell'approccio educativo.
La curiosità del primo incontro, lo studiarsi a distanza (lo fanno tutti, grandi e piccoli), l'avvio di una comunicazione per fare circolare una miscela di idee, avvicinare la pietra focaia, provocare scintille di curiosità, attendere che avvenga l'accensione dell'interesse in modo spontaneo, per autocombustione. Processo apparentemente facile...
Eppure (lo sanno tutti i comunicatori, genitori insegnanti formatori attori; tutti quelli che devono ap-

procciarsi) a volte occorre più *metacomunicazione*: bussare più o meno a lungo, forzare dolcemente o, quando necessario, usare un forcipe o un grimaldello; creare diversivi.
Poi tutto viene tessuto, con la matassa dapprima restia a srotolarsi e via via fino alla trama dell'affiatamento, della comprensione, dell'empatia.
Perché l'educazione sempre ha inizio con la comunicazione.
Oltre il colore della pelle, oltre le lingue, oltre le appartenenze, oltre le sbarre...
Già, le sbarre di un carcere, dentro una cella insieme ai detenuti-studenti, loro ed io tutti sorvegliati a vista... Di certo io, al termine delle lezioni, vedevo le porte massicce aprirsi e potevo tornare fuori, all'aperto.
Loro no, loro pagavano la pena rinchiusi –e per alcuni a vita, all'ergastolo.
Già, il colore della pelle, il primo denotatore di differenza, di diffidenza, di stereotipi: la razza e l'etnia e la lingua e la cultura e le abitudini e l'abito e il cibo… Insomma, su tutte, la domanda sovrana:
"MA CHI È!? MI POSSO FIDARE!?"

Gli studenti colorati –di pelle-, in carcere e non, mi hanno dato tanto, mi hanno aperto la mente, mi hanno avvicinato a mondi altrimenti lontani; venivano dall'Europa comunitaria ed extracomunitaria (Serbia, Kosovo, Montenegro, Albania, Polonia, Bulgaria, Romania, Ungheria, Ucraina) con tutte le tonalità del bianco, dall'Africa (Senegal, Marocco, Algeria, Tunisia) con tutte le sfumature del nero, dal Medio Oriente (Palestina -Gaza, Ramallah), dall'Asia (Cina), dall'America del Sud (Colombia, Cuba, Santo Domingo) con tutte le cromie del miele.

Stare insieme, apprendere, discutere, creare interdipendenza senza timori, col sorriso; coinvolgere in progetti per potere dare e ricevere fiducia, col sorriso.
Lasciare che la mente divaghi si svaghi ricerchi. Dare ad ognuno il suo tempo, senza fretta, col sorriso.
Cercare l'universale che accomuna, cercare l'anima; tra Biante, uno degli antichi Sette Savi, che sosteneva: "La maggioranza degli uomini è cattiva", e Rousseau che affermava: "L'uomo è buono per natura". *In media virtus.*
I diciassette tipi di figli –con infinità di variazioni e sfumature- proposti da Franco stanno tra le mie esperienze abbozzate. Sono loro, i giovani, a dover essere curati ed accuditi con più oculatezza, accettati per ascoltarli e correggerli. E sempre comunicare, non stancarsi mai di dialogare –a volte monologare-, consapevoli che le parole, se giuste ed efficaci, sono come semi: qualcuno attecchirà, normalmente poi che prima.
Non accettare mai l'apparente indifferenza come una sconfitta. INSISTERE!!! Su tutto capire le circostanze.
In presidenza i colleghi mi mandavano sempre Angelo –ironia del nome- con note terribili sul registro di classe, invocando punizioni e sospensioni. Io facevo sedere il ragazzo, mi facevo raccontare le sue marachelle, lo ascoltavo e lo rimandavo in classe.
I colleghi non capivano. Li riunii e dissi loro: "A casa il padre –spesso ubriaco- provvede già a punirlo con cinghiate e vessazioni varie. Qui a scuola diamogli miele e correzioni pedagogiche: ascoltiamolo parlare e parliamogli, diamogli importanza, diamogli incarichi, diamogli fiducia. Da noi vuole questo".

TUTTI I FIGLI VOGLIONO QUESTO.
(Ah! Dimenticavo di dirvi che oggi Angelo è normalmente felice: ha passato i trent'anni, ha un lavoro, dei figli e mi ricorda con affetto. Non così verso il padre).

Sergio Anrò
E-mail *hutalabi@yahoo.it*

MASSIMO GIORCELLI, educatore, biologo antropologo, naturopata.
Responsabile dell'Osservatorio Scientifico Bottega del Cambiamento, Italia. Lavora per la Regione Liguria, in provincia di Savona, per l'inserimento nel mondo del lavoro di minorenni a rischio con precedenti penali. Vive con la famiglia a Loano (Sv).

Quando sono diventato padre per la prima volta ero un giovane uomo in carriera pieno di certezze e saperi. Avevo studiato molto, fatto master, seguito percorsi di formazione, dirigevo e gestivo affari e persone ... ma mi sono reso subito conto di quanto fossi ignorante e sprovveduto di fronte a quella piccola cosa dagli occhi enormi che era la mia prima figlia.

Da manager ho affrontato la situazione affidandomi alla consulenza del maggior esperto che conoscessi: mia madre. Le ho chiesto quali fossero state le sue metodologie d'approccio e di gestione nei confronti dei figli. La sua risposta mi ha lasciato un po' basito, ve la ripropongo: "Tanto amore, attenzione, ascolto e una piccola preghiera - Signore fammi fare solo errori piccoli con mio figlio -".

Dopo più di cinquant'anni ritrovo nel libro di Franco un filo conduttore, più razionale e completo, con quello che, ad intuito, mia madre aveva fatto con me. Questo manuale è un compendio utilissimo per tutti quelli che si trovano (ed è una cosa che ti capita in genere di colpo, i nove mesi dell'attesa sono come una parentesi fatta di sogni, speranze, paure... che si chiude quando arriva il figlio e comincia la realtà) ad "affrontare" il rapporto col proprio frutto.

Da biologo noto che le cosiddette "cure parentali", cioè i rapporti genitore-figlio, sono uno dei principali fattori dell'evoluzione. Da un piccolo pesce (lo spinarello) che si tiene in bocca i piccoli per salvaguardarli dall'ambiente ad una giovane coppia che gioca col proprio bambino il passo è grande e lungo più di quattro milioni di anni...

Tutti noi che leggiamo questo libro lo possiamo fare perché qualcuno si è preso cura di noi, ci ha aiutati (più o meno bene) a crescere a capire delle cose per viverle ed essere poi in grado di trasmetterle, arricchite dalla vita che abbiamo vissuto, a nostra volta.
Secondo me l'evoluzione dei rapporti tra genitore e figlio è un po' come una staffetta infinita dove ciascuno lascia il testimone a chi lo segue, sperando che riesca a fare un tempo migliore del suo; magari faticando meno e divertendosi un po' di più...

Noi, figli del dopoguerra, abbiamo avuto quella che si può definire un'educazione impositiva, basata sul NON: non fare, non parlare, non correre...
Il sessantotto ha costituito un punto di svolta epocale anche nel campo dei rapporti tra genitori e figli: il genitore non è più un mero fornitore di regole e divieti ma un *grande* che è vicino al *piccolo*, non iperprotettivo ma attento ai suoi reali bisogni. Insomma, per dirla alla Marmello, un Leader di Servizio, una Guida Naturale. E una Guida non può mai stare seduto sugli allori, deve gestire e coltivare la sua leadership quotidianamente, con serenità, amore, perseveranza e umiltà. Non è facile essere una Guida Naturale, è molto più semplice essere un dittatore ma, lo insegna la storia, dalle dittature arriva magari un po' di sicurezza, sicuramente non la

crescita, l'indipendenza, la libertà.
Non credo esista un perfetto genitore.
Esistono genitori più o meno buoni, più o meno consapevoli del loro ruolo, più o meno avanti nel loro percorso di vita.

Il lavoro che Franco dà alle stampe è, a mio parere, un ottimo aiuto anche per capire se stessi e poter vivere accanto ai propri figli una vita più piena e serena, magari ritrovando attraverso i loro entusiasmi una magia che si credeva persa.
Parlando con Franco di questo suo lavoro ci è venuta, contemporaneamente, in mente un'espressione piemontese *"disciulumse"* (togliamoci dall'imbarazzo che spesso ci blocca davanti alle difficoltà). L'espressione piemontese non é facilmente traducibile, però leggendo il libro, sono sicuro, vi *"disciulerete"* un po' anche voi!

Buna lettura e, naturalmente, buona vita!

Massimo Giorcelli
E-mail *massimo.giorcelli@fastwebnet.it*

DANIELE PALLONE, psicologo, psicoterapeuta, giudice onorario del Tribunale per i minorenni del Piemonte.
Presidente dell'Associazione Il melo, Centro Studi per la cura del minore e della famiglia. Marito e padre, vive e lavora a Torino

Dici: *è faticoso frequentare i bambini...*
   Hai ragione.
Aggiungi: *perché bisogna mettersi al loro livello, abbassarsi, scendere, piegarsi, farsi piccoli.*
   Ti sbagli, non è questo l'aspetto più faticoso.
   E' piuttosto il fatto di essere costretti a elevarsi fino all'altezza dei loro sentimenti: stiracchiarsi, allungarsi, sollevarsi sulle punte dei piedi.
   Per non ferirli."

(Janusz Korczak)

Da molti anni mi occupo professionalmente di genitori, di figli e delle non sempre facili relazioni che esistono all'interno della famiglia. Per cui ho conosciuto quanto dolore spesso circola al suo interno, quando i sentimenti e i comportamenti che dovrebbero essere rivolti allo sviluppo dei figli non trovano riscontro e non supportano i bisogni dei bambini.

Ho apprezzato il lavoro dell'autore che con garbo e ironia ha offerto un contributo contro un atteggiamento supponente e pericoloso, quello dell'adultocentrismo; proponendo stimoli di riflessione e anche comportamenti concreti che possano aiutarci nel complesso lavoro di genitore. Un vademecum da consultare che ci supporti nel nostro compito di guida che è per i nostri figli una necessità imprescindibile, che ha una funzione evolutiva da cui poi dovranno liberarsi per assumere una personale autonomia.

Cos'è l'adultocentrismo?
È la tendenza degli adulti a privilegiare i propri interessi a discapito di quelli dei bambini.
Adultocentrismo è la propensione della comunità adulta a non prendersi cura dei suoi cuccioli: i bambini, infatti, possono spesso essere oggetto di trascuratezza e abbandono, fino ad arrivare all'abuso e al maltrattamento; i bambini sono sicuramente i soggetti più strumentalizzabili perché sono i più bisognosi; sono i soggetti più deboli perché non possono esistere, non possono svilupparsi senza gli adulti.

Noi adulti spesso tendiamo a essere adultocentrici.
Il confronto con i bambini e gli adolescenti, che crescono e chiedono il loro spazio, ci impone di fare i conti con un fenomeno di impegnativo adattamento: un bambino che nasce è un bambino che si esprime, che chiede qualcosa, che dice la sua, che quindi tende a modificare un assetto costituito di relazioni; un bambino che nasce invita ad andare avanti nel cambiare. Ma il cambiamento produce anche resistenza. Là dove c'è cambiamento, infatti, c'è sempre anche la paura di cambiare; la resistenza è tanto più forte quanto maggiore è la trasformazione. Le resistenze di noi adulti sono tanto più intense quanto più noi adulti -per riprendere un concetto di Sandor Ferenczi- ci siamo dimenticati di essere stati bambini.

Sono altrettanto consapevole che i genitori si trovino troppo spesso soli nella cura e nell'educazione dei propri figli a causa della poca consistenza di politiche sociali per l'aiuto delle famiglie, a causa della difficoltà di accesso a sostegni di tipo materiale, sociale, psicologico o di confronto con altri genitori e per la distanza, per l'indifferenza delle istituzioni che potrebbero, dovrebbero, supportare padri e madri e non sempre sanno farlo.

È importante che qualcuno sostenga gli adulti.
È importante che gli adulti possano nutrirsi per poter nutrire.
Le mamme e i papà, hanno bisogno che qualcuno si prenda cura di loro per poter prendersi cura dei figli.
Le facili colpevolizzazioni a cui la famiglia è esposta da noi operatori sono un potente deterrente per padri e madri in difficoltà.

I genitori sarebbero spinti a chiedere aiuto, ma sono frenati da sentimenti di vergogna nel dichiarare il loro disagio, il loro fallimento in un compito considerato così naturale da dover essere regolato da una specie di istinto in grado di ispirare automaticamente i comportamenti genitoriali più adeguati.

I genitori hanno bisogno di aiuto, perché essere buoni genitori non è una qualità innata.
Si impara. Ma dove?
Si tratta di una competenza che si impara soprattutto in famiglia e che può anche non essere appresa, in quanto spesso mancano buoni maestri.

Chi aiuta i genitori a percepire che è normale provare sentimenti di ambivalenza verso i figli? Anche un figlio amato e desiderato può scatenare sentimenti negativi. Ma la retorica dell'amore genitoriale impedisce spesso di esprimere il disagio, la solitudine che una madre -per esempio- può vivere nel contatto con i suoi figli.

Tutti i genitori sanno che in certi momenti hanno avvertito per il proprio figlio fastidio, sentimenti di ostilità; perché avere un figlio impone rinunce e sacrifici che non sempre si è preparati a compiere.
Ogni genitore sa per esperienza che non è tanto importante colpevolizzarsi per questi sentimenti o negarli, ma piuttosto evitare che le nostre emozioni si trasformino in atti.

Winnicott definisce l'insieme dei comportamenti e atteggiamenti genitoriali adeguati con la definizione di "madre sufficientemente buona". Bettelheim scrive un libro dal titolo *Un genitore quasi perfetto*. Ebbene, in queste definizioni c'è la contrapposizione alla idealizzazione di un ruolo, viene evidenziata l'umanità del genitore, la sua possibilità di avere dei dubbi, di provare sentimenti contrastanti, di sentirsi incerto.

Il contributo del nostro autore ha l'obiettivo di riconoscere i limiti dei genitori, ma anche le loro potenzialità, in conclusione vorrei sottolineare, tra i tanti, almeno tre punti significativi del libro.

Franco Marmello ci fa comprendere:
Che dobbiamo essere in grado di accettare le difficoltà della situazione, evitare ogni forma di perfezionismo e di auto imposizione di modelli eccessivamente ideali. Gli sbagli dei genitori, sotto una certa soglia, possono essere una risorsa in quanto l'errore può fungere da elemento generativo che consente ai figli di costituirsi una propria identità.

Di vivere il conflitto come luogo della relazione con i figli: stare nel conflitto sapendo esercitare autorevolezza, esercitando l'ascolto attivo verso i figli senza cadere nell'eccessiva confidenzialità amicale.

Che per i genitori condividere tra di loro e rispecchiarsi nelle difficoltà degli altri permette di sentirsi meno soli, permette di verificare i risultati raggiunti.

Pertanto mi auguro che la proposta dell'autore, il caro amico Franco, di dar vita ad un'*agorà*, una comunità di scambio di idee, possa permettere di realizzare interventi atti a creare una rete di rapporti per evitare l'isolamento, la solitudine, di molte famiglie e possa permettere di scoprire, rivalutare e migliorare le competenze già presenti nelle mamme e nei papà.

Non dobbiamo indugiare sulle nostre imperfezioni e pertanto concediamoci anche di apprezzarci per tutte le cose buone che facciamo per i nostri figli, per le ore trascorse con loro anche quando il tempo è poco, per la nostra disponibilità a condividere con loro le piccole o grandi sofferenze del crescere: probabilmente stiamo facendo molto di più di quanto pensiamo.

Grazie Franco per avermi dato la possibilità di esprimere alcuni concetti sul tuo libro.

Daniele Pallone
E-mail *d.pallone@iol.it*

LORENZO BUSCIGLIO, filosofo e storico delle idee.
Inventa progetti di Long-Life Education. Vive e lavora in Piemonte per l'Università dei mestieri, presso l'Agenzia dei Servizi Formativi della Provincia di Cuneo.

Il libro dell'amico Franco Marmello si inserisce perfettamente in una tendenza socio-culturale che dura da secoli e che nel prossimo futuro sembra destinata ad accentuarsi. Citando l'ultimo saggio del Prof. Antonio Golini (*Il futuro della popolazione nel mondo*, Il Mulino, Bologna 2009), si può dire che nel mondo occidentale la diminuzione delle nascite e il parallelo invecchiamento della popolazione -fenomeno particolarmente evidente in Italia- porti con sé l'aumento di valore attribuito all'infanzia, "merce sempre più rara" e perciò sempre più "cara". L' "apprezzamento dell'infanzia" si nota in primo luogo nella maggiore attenzione dedicata all'educazione e alla salute dei propri figli, non solo nell'infanzia in realtà, ma anche e soprattutto nell'età più difficile dell'adolescenza. Ma l'attenzione e le apprensioni dei genitori non sempre conducono al successo sperato: l'accompagnamento del figlio alle soglie della maturità. Spesso l'attenzione rivolta alle necessità dei propri bambini/ragazzi si tramuta in una spasmodica ricerca di prodotti e soluzioni *pret-à-porter*, alternative tanto facilmente reperibili quanto poco valide. Altre volte le apprensioni derivano più da una sbagliata impostazione del rapporto genitoriale che dalla giusta sensibilità ai bisogni e alle paure dei propri figli.
La bellezza e l'utilità di un libro come questo stan-

no proprio nell'evitare di fornire soluzioni predigerite e di aiutare a costruire una relazione efficace. Gli strumenti utilizzati dall'autore sono quelli che la migliore tradizione filosofica ci ha donato: l'ascolto, la perseveranza, la fiducia nelle proprie e nelle altrui capacità, l'amore per la conoscenza, la responsabilità. Tra gli strumenti è forse l'ultimo quello su cui occorre maggiormente insistere: la responsabilità, l'onestà di rispondere delle proprie azioni, la capacità di portare il peso delle proprie decisioni; è un'abitudine che viene appresa nel corso della vita, un'esigenza derivante dalla consapevolezza che senza responsabilità non ci può essere fiducia (chi si fiderebbe di una persona irresponsabile, come potrebbe stare insieme una società senza fiducia) e, soprattutto, non ci potrebbe essere libertà (connaturata nella visione liberale della società da cui derivano i diritti fondamentali dell'uomo è la prospettiva di un individuo/cittadino pienamente responsabile e cosciente delle conseguenze del proprio operato).
La responsabilità è di certo il segno più tangibile dell'essere adulto e dovrebbe essere la prima qualità del genitore. Non a caso una delle migliori espressioni del senso comune sull'educazione dice che si insegna più con l'esempio che con le nozioni o le prescrizioni.

Fantasie popolari e mitologiche recitano:

...ebbe dalle forze divine, la magia della luce e del calore
ebbe l'intelligenza e la capacità di ricordare.

Lorenzo Busciglio
E-mail *lorenzobusciglio@fastwebnet.it*

MARISA E FLAVIO genitori di Pietro, Giacomo, Stefano, Sacka, Luigi e Clara.
Flavio, oltre a fare il papà, lavora nel campo dell'educazione professionale.
Marisa ha messo nel cassetto la sua laurea in filosofia e si occupa a tempo pieno dei figli. Vivono in una vecchia casa con un piccolo giardino, insieme a un cane e a una tartaruga, a Verzuolo, in provincia di Cuneo.

Marisa e Flavio: il 25 marzo 1989 siamo diventati mamma e papà per la prima volta. Sapevamo che cosa significava diventare genitori? Crediamo di no. Certo, avevamo lavorato con i ragazzi all'oratorio, nei campi scuola, nelle estate ragazzi; avevamo provato a fare gli insegnanti, ma diventare genitori era tutta un'altra cosa...

Flavio: diventare papà è stata l'esperienza più bella della mia vita!

Marisa: ...che si è ripetuta per altre cinque volte. Eh sì, perché siamo mamma e papà di sei figli: cinque maschi e una femmina; quattro figli naturali, un figlio affidatario e un figlio adottivo. Dunque, dopo Pietro che ha vent'anni, sono arrivati Giacomo 19; Stefano 17; Sacka 13; Luigi 12 e Clara 11: tutti studenti.

Flavio: *"Sarebbe bello, ma non c'è una pozione magica per diventare buoni genitori davvero"* : come è vera questa affermazione che troviamo nel libro!

Marisa: è facile dire che ogni figlio è diverso (ed è

vero!), ma noi genitori siamo sempre gli stessi e dobbiamo adattarci. Questa è la fatica di essere genitori.

Flavio: per me è stato importante dedicare molto tempo ai nostri figli: condividere esperienze, giochi, coinvolgerli nelle piccole decisioni quotidiane, renderli partecipi delle nostre gioie e delle nostre fatiche. In altre parole, abbiamo cercato di conoscerci e di costruire un rapporto importante che rispettasse le differenze e i limiti di ciascuno. In altre parole, ho cercato di entrare in sintonia, di ascoltare e di essere ascoltato...

Marisa: i primi anni di vita del bambino sono fondamentali per impostare una relazione significativa. Gli errori compiuti in questa fase si correggeranno con fatica.
Se oggi raccogliamo i primi frutti in termini di fiducia, trasparenza, autonomia, confidenza, ecc., credo che lo dobbiamo soprattutto alle energie spese in quegli anni.

Flavio: il libro si legge con piacere e offre spunti di riflessione e di intervento molto validi.
Ho apprezzato, in particolare l'impostazione da "manuale", più immediata rispetto ad un trattato di psicologia. Può rivelarsi utile per i neo-genitori, oppure per gli aspiranti tali. Ma anche chi, come noi, ha figli un po' più grandi, potrà ricavare suggerimenti molto concreti.

Marisa: mi piace l'idea dei figli come clienti: i clienti, se soddisfatti, tornano: non è quello che desideriamo per i nostri figli? Ma per soddisfare un cliente, occorre conoscerlo bene. È quello che dobbiamo fare anche nei confronti di un figlio.

Flavio: nella mia esperienza di papà ho sempre voluto tenere presente l'affermazione: *"un educatore mira a rendersi inutile"*. Oggi si sente dire che i figli sono "mammoni" e faticano ad andarsene di casa, ma spesso sono i genitori a non voler recidere definitivamente il cordone ombelicale! Se divenuti adulti, i nostri figli sapranno fare a meno di noi, beh… questo ci potrà far soffrire un poco, ma avremo buone probabilità di aver lavorato bene. I figli lo riconosceranno: avremo costruito un rapporto maturo.

Marisa: se possiamo, molto umilmente, permetterci un consiglio ai futuri genitori, vorremmo dire loro di confrontarsi spesso sull'educazione dei propri figli: la coerenza nel metodo educativo è fondamentale.

Flavio: oggi occorrono patentini e attestati per svolgere qualsiasi attività, più o meno importante, ma non per diventare genitori! Suggerirei *I Figli come Clienti* quale manuale di preparazione al diventare mamma e papà. Da non leggere una volta soltanto e poi riporre in biblioteca; ma da tenere a portata di mano e da consultare, di tanto in tanto.

Marisa e Flavio
E-mail: fvallome@libero.it

CHRISTIAN 14 anni, figlio di Bruna e Claudio, fratello di Mattia 18 anni.

Ciao, sono Christian...
Scusate se ho impiegato così tanto tempo a mandare questo mio commento, ma ho passato due settimane abbastanza incasinate.

Ho letto alcuni capitoli del libro di Franco.
È davvero bello, perché spiega bene ai genitori i modi da usare per farsi capire dai figli senza farli sentire a disagio e, in qualche modo, sottomessi.

Le cose che Franco ha scritto sono completamente azzeccate. L'insegnamento che vuole dare ai genitori è chiaro, ben spiegato nei minimi dettagli.

Christian Chiadò
E-mail *krikx@hotmail.it*

CONCLUSIONE

Invito anche voi cari genitori-lettori a esprimere la vostra speranza.
Vi invito anche a raccontarci come avete risolto un caso difficile con i vostri ragazzi, come li avete saputi aiutare nei momenti più critici della loro crescita: leggerò con attenzione la vostra testimonianza e, se me ne darete l'autorizzazione, pubblicherò il vostro contributo nella mia agorà elettronica (www.francomarmello.it).

Imparare dagli altri e riscoprire, sviluppare insieme il sano esercizio dell'emulazione rappresenta anche oggi un sano tentativo di fare agorà.

Attendo contributi da chi è interessato al tema:

> Esperti del comportamento
> Insegnanti ed educatori in genere
> Genitori
> Figli piccoli e grandi
> Nonni
> Zii
> Vicini di casa
> Chi non ha figli e vorrebbe averne
> Chi non li ha perché non li vuole
> Tutta la gente che vuole dare una mano

Possono nascere di sicuro nuove energie intorno a un tema così difficile ma irrinunciabile.
L'unione fa la forza sostengono gli antichi.

Nelson Rolihlahla Mandela ci ha insegnato che la forza del singolo messa a disposizione del gruppo è il vero ingrediente di successo di ogni faccenda comune.

Franco Marmello
info@francomarmello.it

INDICE

7	Presentazione
11	Father Forgets
14	Prologo
23	I figli timidi
26	I figli diffidenti
31	I figli spavaldi
36	I figli amichevoli (troppo)
40	I figli fantasiosi
44	I figli scostanti
48	I figli prudenti (troppo)
52	I figli megalomani
57	I figli pessimisti
62	I figli volubili
65	I figli seguaci
69	I figli (troppo) sensibili
74	I figli ambiziosi e decisi ad arrivare (da qualche parte nella vita)
79	I figli silenziosi
83	Riflessione postuma
87	I figli obiettori polemici
92	I figli trascinatori

96	I figli procrastinatori
101	La fiducia
112	Inventario
115	Paura della critica
121	Riusciremo
122	Se riesci
124	Agorà
125	L'avvocato del diavolo
131	La parola agli esperti
149	Conclusione

Stampato in Italia
nel settembre 2010 per conto di
LibertàEdizioni

www.ingramcontent.com/pod-product-compliance
Lightning Source LLC
Chambersburg PA
CBHW031632160426
43196CB00006B/376